ALF

Rainer Büttner

ALF™

Ich heb' ab

Dialoge von Siegfried Rabe

Loewe

CIP-Titelaufnahme der Deutschen Bibliothek

Büttner, Rainer
Alf/Rainer Büttner. – Bindlach: Loewe.
Ich heb' ab. – 1. Aufl. – 1991
ISBN 3-7855-2393-9

ISBN 3-7855-2393-9 – 1. Auflage 1991

Licensed by: Merchandising München
Der vorliegende Titel erschien bereits 1988
unter dem Titel „Ich will alles!" im Loewes Verlag.
Umschlagillustration: Ines Vaders-Joch
Satz: Fotosatz Glücker, Würzburg
Gesamtherstellung: Leipziger Verlags- und
Druckereigesellschaft mbH, Leipzig
Printed in Germany

Inhalt

Ein Schock fürs Leben

Die Sonne verschwand langsam hinter dem Horizont, und im Haus der Familie Tanner bereitete man sich auf das Abendessen vor. Willie, Kate, Brian und Lynn hatten sich bereits im Wohnzimmer eingefunden, nur ALF fehlte noch.

Seine Abwesenheit wurde sofort bemerkt. Der Außerirdische gehörte mittlerweile schließlich so dazu, daß man sich ein Familienleben ohne ihn nur schwer vorstellen konnte. Und dies trotz der Katastrophen, die das kleine chaotische Zottelwesen stets heraufbeschwor und die oft die Grenze dessen erreichten, was eine amerikanische Durchschnittsfamilie ertragen konnte.

„Hat jemand ALF gesehen?" fragte Kate. Ihr Blick verriet jenes nervöse Flackern, das sich immer dann einstellte, wenn ihr Übles schwante.

Sofort wurde Brian losgeschickt, seinen außerirdischen Freund zu suchen.

Kate hätte sich ihre Nervosität allerdings ersparen können, denn ALF saß seelenruhig im Garten und überprüfte gewissenhaft alle Avocadofrüchte, die der Gewittersturm am Nachmittag vom Baum geweht hatte. Neben Donuts und Katzen in allen erdenklichen Darreichungsformen waren Avocados eine der von ALF bevorzugten Speisen. Er aß sie für sein Leben gern. Heute schien er allerdings sehr wählerisch zu sein. Offensichtlich suchte er nach ganz besonderen Exemplaren, denn die meisten warf er achtlos weg. Die einen waren ihm nicht reif genug, die anderen wiederum zu reif. Diese war zu schrumplig, jene zu matschig.

In dem Moment kam Brian in den Garten und beteiligte sich kurz an der Avocado-Ernte. „Schau mal, ALF. Die Avocado hier ist schlecht", sagte er und hielt ALF ein Exemplar vor den Rüssel. „Da ist 'n Wurm drin."

ALF sprang auf, riß Brian die Avocado aus der Hand und schrie: „Her damit, die ist für mich!"

„Was? Du ißt Würmer?“ Brian wandte sich angewidert ab.

„Was willste denn sonst damit machen? Etwa Fische ködern?“ konterte ALF.

„Ich soll dich eigentlich zum Essen holen, ALF. Kommst du nicht mit?“ fragte Brian und sah seinen stets hungrigen Freund immer noch voller Ekel an.

„Nein, geh schon mal vor. Deine Mutter hat was gegen Würmer am Tisch. Aber heb mir was zu essen auf.“ Genießerisch schleckte er sich mit der Zunge über seinen riesigen Riffelrüssel.

„Na, dann guten Appetit. Bis später!“ verabschiedete sich Brian und verschwand im Haus.

ALF schaute sich die nächste Avocado genauer an. „Da ist ja gar kein Wurm drin!“ stellte er mißmutig fest und warf die Frucht im hohen Bogen über den Zaun, direkt in den Garten der Ochmoneks.

Sofort erschien Rachel Ochmonek im Gartentor. ALF war völlig überrumpelt von dieser Erscheinung im erdbeerroten Hängerkleid. Er vergaß seine Rolle und was die Tanners ihm für den Fall einer Begegnung mit einem Irdischen eingebleut hatten. Statt dessen grüßte er höflich: „Buenas tardes, Rachel, wie geht's?“

Die Nachbarin traute ihren Augen nicht, starrte ALF an, als hätte sie einen Geist persönlich gesehen, riß die Arme hoch und schrie los.

Vor Schreck schlug ALF das Gartentor zu, um sich dahinter vor diesem hysterischen Lebewesen zu verstecken. Er atmete schwer, hielt sich die Hand ans Herz.

Schlagartig wurde ihm klar, daß es keine gute Idee von ihm gewesen war, sich Rachel so unvermittelt zu zeigen.

War sie noch da? Was würde sie tun? Vorsichtig beugte sich ALF vor, linste durch den Gartenzaun.

Rachel Ochmonek hatte dieselbe Idee. Beide starrten sich durch den Zaun überrascht an. Auge in Auge. Dann kreischte Rachel erneut los. Und durch den Gemütsausbruch auf der anderen Seite des Zaunes so erschrocken, ließ auch ALF einen markerschütternden Brüller los.

Wie von einer Tarantel gestochen, raste er ins Haus, quer durchs Wohnzimmer der Tanners und schrie wie am Spieß: „Alarmstufe 1! Alarmstufe 1! Ein Außerirdischer ist im Anflug.“ Blitzschnell verschwand er im Garderobenschrank.

Die Familie schaute sich verständnislos an. Und Willie blieb der Bissen im Halse stecken.

„Wieso hat er es denn so eilig?“ rätselte Lynn.

Willie klopfte vorsichtig an die Tür der Garderobe. Doch als Antwort hörte er nur ein „Besetzt!“

Willie war überrascht „Oh, Entschuldigung“, murmelte er. Und zu Kate gewandt, fragte er unsicher: „ALF weiß doch wohl, daß das keine Toilette ist, oder?“

„Das hoffe ich sehr!“ sagte Kate, und ihre Stimme hatte etwas Drohendes. Sicher waren sie sich beide aber keinesfalls. Um Schlimmeres zu verhüten, riß Willie deshalb mit aller Wucht die Tür zur Garderobe auf und fand ALF zitternd unter Bergen von Kleidern verborgen.

„ALF? ALF! Sag mal, was ist denn eigentlich los mit dir?“

Voller Mitleid blickte er auf das zitternde, haarige Bündel. Im selben Moment läutete es an der Haustür.

„Hm, äh, mach die Haustür auf, Willie. Vielleicht klärt sich dann alles von selbst.“ Sofort zog der Melmac die Tür wieder von innen zu.

Neugierig öffnete Willie die Haustür, und herein stürzte eine völlig aufgelöste Rachel Ochmonek, gefolgt von ihrem ratlos dreinblickenden Ehemann Trevor, der immer noch vergeblich versuchte, seine Frau von ihrem Vorhaben abzubringen. Zu spät! Er hatte keine Chance. Rachel war so in Fahrt, daß sie mit sich überschlagender Stimme nur zusammenhangloses Zeug ausstieß.

„O Kate, Willie! Es war schrecklich! Einfach entsetzlich. Es hatte eine lange ... und zwei riesige ... Oh, fürchterlich!"

Kate und Willie schauten sich bedeutungsvoll an. Trevor war der ganze Auftritt sichtlich unangenehm. „Sie bildet sich etwas ein!" versuchte er zu erklären. Eigentlich sollte er seine Frau inzwischen besser kennen. Wütend ging sie auf ihn los: „Ich bilde mir überhaupt nichts ein." Und zu Kate und Willie gewandt, stieß sie aufgeregt hervor: „Da ist ein Monster in Ihrem Garten. Ein Monster! Und ich könnte schwören, ich habe es früher schon mal gesehen."

Lynn wollte es genauer wissen und erkundigte sich höflich bei der Nachbarin, wie das Monster ausgesehen habe.

„Oh, wie King Kong. Bloß kleiner. Es ist hinter eurer Garage verschwunden. Vielleicht ist es noch da?" Rachel schnappte nach Luft.

Kate versuchte, die Situation zu retten. „Vielleicht sollten wir mal rausgehen und nachsehn", schlug sie vor. „Aber ich bin mir eigentlich sicher, daß da gar nichts ist."

„So, meinen Sie. Dann sagen Sie das diesem Wesen lieber selbst." Verächtlich schnaubend schob Rachel Kate vor sich her in den Garten.

Die beiden Männer warfen sich einen vielsagenden Blick zu. Dann folgte auch Trevor den Frauen.

Bevor sich Willie ebenfalls auf die „Suche" nach dem Monster machte, sagte er zu Lynn: „Richte diesem Wesen doch bitte aus, daß ich es anschließend dringend zu sprechen wünsche."

Lynn öffnete den Garderobenschrank und fand ALF mit Hut und Mantel bekleidet darin vor. Bevor sie überhaupt einen Ton sagen konnte, schnaubte „das Wesen" los: „King Kong! Ha! Hatte der vielleicht Hut und Mantel an? Die hat's grade nötig. Diese aufgeblasene, giftsprühende Klapperschlange!"

Währenddessen tagte die Untersuchungskommission im Garten. Wie ein aufgescheuchtes Huhn flatterte Mrs. Ochmonek auf die Stelle zu, wo unzählige angenagte Avocados herumlagen. „Er hat Avocados gefressen. Sehen Sie sich mal diese Zahnabdrücke an. Vier Zähne. Das kann doch kein Mensch gewesen sein."

„Deine Mutter hatte auch nur vier Zähne", gab Trevor zu bedenken. Als er Rachels strafenden Blick sah, wußte er, daß das wohl ein unpassendes Beispiel gewesen war.

„Vielleicht war es nur ein Hund, den Sie gesehen haben!" sinnierte Kate.

„Das Wesen kannte meinen Namen!" schrie Rachel hysterisch.

„Nun, dann war's vielleicht ein Hund aus der Nachbarschaft." Kate lächelte gequält.

Auch Willie versuchte sein Bestes, die Nachbarin wieder zu beruhigen: „Rachel, Sie wissen, wie sehr uns die Phantasie oft die schlimmsten Streiche spielen kann ..."

„Ich brauche Ihre Ratschläge nicht", unterbrach Rachel ihn aufgebracht. „Ich weiß, was ich gesehen habe!"

Trevor war es leid. „Meinetwegen", gab er klein bei, „dann hast du eben den Yeti gesehen. Mir soll's egal sein."

Doch damit sorgte er nur für noch mehr Verwirrung bei seiner Frau.

Kate sah eine neue Chance, größeres Unheil vom Hause Tanner abzuwenden. Ob es vielleicht einer dieser faltigen Hunde aus China gewesen sein könnte, mutmaßte sie. Die würden doch immer mit was anderem verwechselt. Hoffnungsvoll schaute sie Rachel an.

„Nein, nein. Es war etwas anderes. Irgendwie sah es aus wie von einer anderen Welt. Wie so ein Wesen aus dem Weltall!" Von der Erinnerung an diese gräßliche Erscheinung geplagt, verzog die arme Mrs. Ochmonek schmerzvoll ihr Gesicht.

Willie, so schien es, war Trevors letzte Chance, seine Frau zur Vernunft zu bringen. Er bat den Nachbarn, Rachel zu erklären, daß es keine kleinen grünen Männchen gibt. Schließlich habe Willie ja studiert!

Willie zögerte. Doch dann hörte Trevor zu seiner großen

Überraschung den gebildeten Nachbarn über mögliche Wesen aus einer anderen Welt laut nachdenken: „Ja, es könnte sein, daß sie zu uns kommen. Und dann auch bleiben. Sogar sehr lange bleiben, genauer gesagt, sie bleiben, ohne das geringste für ihre Mahlzeiten zu bezahlen."

Als er sah, wie Trevor ihn ungläubig anstarrte, zuckte er zusammen, schüttelte den Kopf und ergänzte: „Das hab' ich mal gehört."

Trevor hatte genug von dieser Gesellschaft: „Ich geb's auf. Ihr spinnt ja alle. Komm, Rachel, wir gehen nach Hause."

Aber Rachel gab so schnell nicht auf. „Jetzt nach Hause zu gehen, das könnte gefährlich sein. Wir müssen die Sicherheitsbehörden informieren, den Abwehrdienst für Außerirdische Lebewesen", schlug sie vor.

Kate und Willie waren entsetzt. „Nein, bitte nicht schon wieder. Das haben Sie doch schon mal gemacht, und man hat Ihnen nicht geglaubt. Warum sollten sie es dieses Mal tun", versuchte Willie mit letzter Kraft die Nachbarin von ihrer verhängnisvollen Idee abzubringen.

„Gut, dann werde ich eben alle Nachbarn persönlich vor dem Monster warnen!" Mit diesen Worten stürzte Rachel aus dem Garten direkt auf das Haus ihrer Nachbarn, der Litwaks, zu. Trevor konnte sie nicht mehr zurückhalten. Er hörte seine Frau nur noch hysterisch kreischen: „Gehen Sie nicht in den Garten! Bleiben Sie im Haus! Ein Außerirdischer treibt sein Unwesen in unserer Straße."

Kate schlug verzweifelt die Hände überm Kopf zusammen. Dennoch: Sie glaubte an den gesunden Menschenverstand ihrer Nachbarn und hoffte, daß sie Rachels Blödsinn nicht glauben würden.

Willie war sich da nicht so sicher: „Kate, die Litwaks glauben auch, daß Dick und Doof für die Präsidentschaftswahl aufgestellt werden", versuchte er deren geistigen Horizont zu beschreiben.

Als Kate und Willie ins Haus kamen, war die Luft

spannungsgeladen. Lynn hatte inzwischen das Abendbrot aufgetischt. Brian saß gelangweilt im Garten und harrte der Dinge, die da kamen.

„Wo ist King Kong?“ Kates Stimme klang alles andere als freundlich. Sie öffnete die Durchreiche zum Wohnzimmer und blickte direkt in ALFs beleidigtes Gesicht.

„Mußt du eigentlich auch noch diese Bosheit verbreiten, ich sähe aus wie ein Affe?“ maulte er Kate an. Kate und Willie schnappten nach Luft. Durch unzählige Wortgefechte mit ALF gestählt, wußten sie, daß es manchmal besser war zu schweigen!

Brian bekam von Willie einen Extraauftrag. Er sollte draußen nachsehen, was die unberechenbare Mrs. Ochmonek sonst noch alles anstellte. Der Junge sah ungläubig seinen Vater an. „Du willst, daß ich spioniere?“

„Nein, nein, nein“, rechtfertigte sich Willie. „Ich will nur, daß du rausgehst und dich umsiehst ... und umhörst ... und feststellst, ob ... Ja, geh spionieren.“

Brian trollte sich nach draußen. Ohne ALF noch weiter zu beachten, hielt der Rest der Tanner-Familie Kriegsrat am Küchentisch.

„Weißt du, ich glaube nicht, daß Rachel Ruhe gibt, bevor sie nicht ihren Außerirdischen gefunden hat.“ Aus Erfahrung mit der Nachbarin wußte man, daß Kates Befürchtung nicht ganz von der Hand zu weisen war.

Lynn hatte eine Idee: „Wir könnten uns irgendein behaartes Tier leihen und in ihren Garten setzen“, schlug sie vor.

„Definiere bitte ‚behaartes Tier‘!“ mischte sich ALF ungefragt ein. Noch immer trug er Hut und Wintermantel, schien aber schon wieder bester Laune zu sein. Für ihn war der Zwischenfall mit Rachel Ochmonek anscheinend erledigt. Es ging ihm jetzt nur noch um seine Schönheit und Ehre. „Irgendein behaartes Tier“ statt seiner selbst – das ging ihm doch gegen die Hutschnur.

Die Vorstellungen der Tanners hierzu waren allerdings

recht unterschiedlich und reichten von Ziege und Ameisenbär bis zu Pavian und Orang-Utan. Besonders letzteres löste bei ALF heftige Proteste aus.

„Bist du eigentlich farbenblind?“ fuhr er Willie an, der den Vorschlag mit dem Orang-Utan gemacht hatte. „Mein Haarkleid ist sienabraun.“

Willie, dem nach dem Auftritt der Ochmoneks jede Lust fehlte, sich mit ALF auf eine nervige Diskussion über Farbnuancen einzulassen, entschuldigte sich bei dem eitlen Pelztier: „War ja nicht böse gemeint, ALF! Reg dich nicht auf.“

„Ich bin die Ruhe selbst, du unbehaarter blaßrosa Vorstädter“, war der Dank, den Willie Tanner für seine Höflichkeit zu hören bekam.

In dem Moment kam Brian mit einer neuen Schreckensmeldung von draußen rein. Ein Haufen Leute hätte sich bei Mrs. Ochmonek versammelt, verkündete er stolz das Ergebnis seiner Spionagetätigkeit.

Kate wurde blaß, mit einem Schreckensruf verbarg sie ihr Gesicht in den Händen. Sie sah den häuslichen Frieden endgültig gefährdet.

Willie hingegen war mal wieder der ruhende Pol der Familie. Er beruhigte Kate und sann nach Lösungsstrategien der Probleme, die mit Sicherheit auf sie zukommen würden.

„Du bleibst vorerst im Haus, ALF!“ ordnete er als erstes an.

„Was heißt denn hier ‚vorerst‘? Definiere das genauer!“ forderte dieser eine präzisere Antwort. Die Vorgänge um ihn herum schienen ihn ungerührt zu lassen.

„Nun, das heißt so lange, bis Rachel vergißt, daß sie einen sprechenden Mini-King-Kong mit vier Zähnen gesehen hat!“ Willie verließ die Küche, ohne den Außerirdischen noch eines Blickes zu würdigen.

„Da muß ich wohl damit rechnen“, seufzte ALF, „daß sich das bis nächste Woche hinzieht.“

Zwei Tage waren bereits ins Land gegangen seit jener denkwürdigen Begegnung eines Außerirdischen mit einer Irdischen – ohne daß etwas Nennenswertes passiert wäre! Willie hatte sich in seine geliebte Garage zurückgezogen, um zu basteln und um Ruhe vor ALF und den Kindern zu haben.

Doch selbst hier war er vor dem Melmac nicht sicher. Seit Minuten schon nervte ihn ALF mit den blödsinnigsten Fragen, so daß Willie sich nur schwer auf die Reparatur der Küchenwaage konzentrieren konnte.

„Findest du nicht, daß du reichlich viel Zeit mit deinen Reparaturen hier verschwendest?“ fragte ALF wieder mal unvermittelt.

„Ja, finde ich auch“, gab Willie ungerührt zurück, „weil du nämlich jede Menge Zeit damit verschwendest, alles kaputtzumachen.“

„Es ist doch schön, wie sich unsere Hobbys ergänzen“, plapperte ALF weiter.

Willie gab auf. Bei diesem Psycho-Stresser würde es ihm ohnehin nicht gelingen, das letzte Wort zu behalten.

„Mußt du eigentlich die ganze Zeit hier so herumtigern?“ fuhr er ALF statt dessen an.

ALF seufzte tief. Und dann erklärte er dem erstaunten Willie, daß er sich schlichtweg langweile. Kein Wunder, schließlich stünde er schon seit fast einem Monat unter Hausarrest.

„Seit einem Monat? Nein, ALF, es sind bisher nur zwei Tage.“

„Kann nicht sein, Willie“, gab ALF contra, „wieso hätte ich sonst 30 Kerben ins Treppengeländer geschnitten?“

Willie lief rot an wie ein Puter. Am liebsten hätte er diesen extraterrestrischen Vandalen an die Wand geknallt. ALFs Sündenkonto hatte in den letzten Tagen einfach zuviel Zuwachs erhalten. So konnte es nicht weitergehen. Doch bevor Willie überlegen konnte, welche strafverschärfenden Maßnahmen in diesem Fall angebracht waren, stürzte Brian in die Garage. Er schwenkte ein Blatt Papier und rief ganz aufgeregt: „Seht mal her! Ein Bild von ALF. Das hab' ich gefunden."

ALF riß Brian das Blatt aus der Hand und las laut vor: „Halten Sie Ausschau nach diesem abscheulichen Wesen aus dem Weltraum." ALF war tief empört über diese Diffamierung. „Das kann doch nur jemand geschrieben haben, der auch glaubt, daß Katzen zum Fressen zu schön sind!"

Brian berichtete, daß solche Bilder an allen Telefonmasten der Umgebung zu finden seien.

„Nein, nein, bitte nein, das ist ja schrecklich", stöhnte Willie entsetzt.

„Schrecklich?" fragte da der Melmac ungläubig. „Es ist abscheulich! Das Bild ist einfach schlecht. Es hat keinerlei Ähnlichkeit mit mir. Wenn ich so große Ohren hätte, könnte ich ohne Kopfhörer funken."

„Wir müssen etwas unternehmen!" beschloß Willie.

ALF hatte auch gleich einen praktischen Vorschlag zu machen. Brian sollte alle Telefonmasten kontrollieren und von seinem Konterfei die Riesenohren wegradieren.

„Okay, dann mach' ich aber auch gleich die Nase größer", schlug Brian vor.

Etwas überrascht tastete ALF seinen Riesenriffelrüssel ab. Erstaunt sah er den kleinen Tanner an. Das wurde ja immer schöner. Hier hatte nur einer freche Bemerkungen zu machen. Und das war Mister Gordon Shumway!

Beim Verlassen der Garage stieß Brian fast mit Trevor Ochmonek zusammen, der zu Willie wollte. Ungewöhnlich laut, um seinen Vater zu warnen, begrüßte Brian den Nachbarn. Trevor brüllte zurück, er habe ihn gut verstanden und wünsche ihm auch einen schönen Tag. Kopfschüttelnd schaute Trevor Brian nach. „Sind schon eine verrückte Familie, diese Tanners", dachte er.

Währenddessen schwitzte Willie in der Garage Blut und Wasser. ALF, dieses hinterhältige Biest, weigerte sich, unter dem Tisch zu verschwinden.

„Es ist an der Zeit, der Wahrheit ins Gesicht zu sehen", fand er.

Händeringend flehte Willie ihn an, doch endlich den Abgang zu machen. Doch buchstäblich im letzten Moment verkroch sich ALF schließlich unter der Werkbank.

Trevor war froh, Willie allein in der Garage vorzufinden. Er brauchte einfach mal das Gespräch von Mann zu Mann und vielleicht ein paar Tips vom „Studierten".

„Rachel treibt mich zum Wahnsinn mit ihrer ausschweifenden Phantasie", klagte er. „Jetzt hat sie von diesem Wesen schon eine Skulptur aus Kartoffelbrei gemacht." Trevor seufzte schwer. „Sie macht uns zum Gespött in der ganzen Nachbarschaft", fuhr er fort. Das beste Beispiel, daß etwas mit ihr nicht stimme, seien auch die Milchflaschen. Rachel habe ihm gegenüber immer behauptet, daß einer von den Tanners jeden Morgen einen Schluck aus ihren Flaschen nähme.

ALF konnte sich unter der Werkbank nur mühsam beherrschen, um nicht lauthals loszuprusten.

Trevor ließ sich auf einen Stuhl fallen. Verzweifelt schaute er Willie an. „Ich sage es nicht gern, Tanner, aber ich glaube, sie spinnt."

Glücklicherweise übertönte nun lautes Geschrei von draußen das Rülpsen, das unter der Werkbank zu vernehmen war. ALF hatte Trevor damit nur zu seiner Erkenntnis über Rachel applaudieren wollen.

Da stakste auch schon Mrs. Ochmonek in die Garage und verkündete aufgeregt: „Lenny Scott hat angerufen. Er will mich unbedingt interviewen. Heute noch, im Abendprogramm."

„O nein, bitte nicht Lenny Scott!" Trevor war entsetzt und erklärte dem ratlos dreinschauenden Willie: „Der macht eine Talk-Show mit lauter komischen Spinnern. Erst macht er sich über die Kandidaten lustig und setzt sie dann dem Gespött und Gelächter der Zuschauer aus."

Rachel aber war längst nicht mehr zu bremsen. Sie war

sogar bereit, die Märtyrerin zu spielen, wenn es nur der Wahrheitsfindung diente.

Trevor startete einen letzten Versuch: „Mein Hefeklößchen, ich flehe dich an. Tu's nicht. Der Name Ochmonek hatte immer einen guten Klang. Die ganze Stadt wird über uns lachen."

Mrs. Ochmonek aber hatte beschlossen: „Die Wahrheit muß heraus. Und endlich ist jemand da, der sie von mir wissen will!" Sie, Mrs. Ochmonek, würde dieser Wahrheit ans Licht verhelfen. Daran bestand für sie kein Zweifel.

Klar, daß sich die Tanners dieses Fernsehereignis nicht entgehen lassen wollten, schließlich ging es ja nicht nur um Rachel Ochmonek. Da war ja noch dieses klitzekleine Problem mit ALF.

Lenny Scott war seit Minuten schon auf Sendung. Stellvertretend für die ganze Familie wartete Lynn auf den Auftritt der Nachbarin. Bereits jetzt konnte sie das Gehabe des Showmasters nicht mehr ertragen. Empört rief sie ihrer Mutter zu, die in der Küche hantierte: „So einen fiesen Kerl hast du noch nie im Fernsehen erlebt, so ein richtiger Schleimer ist das, pfui!"

Kate ahnte das Schlimmste: „Arme Rachel. Er wird sie vor aller Welt lächerlich machen."

Willie, der sich inzwischen auch vor dem Fernseher eingefunden hatte, lag mehr das eigene häusliche Problem am Herzen: „Armer ALF, ist euch klar, daß noch heute abend Tausende von Leuten nach ihm suchen werden?" Und in Gedanken malte er sich schon wildgewordene Horden von Menschen in seiner Garage aus, die alles von oben nach unten krempelten, seine kostbaren Funkgeräte zerstörten ...

Nur Brian war merkwürdig still. Bei dem Gedanken, seinen Freund ALF zu verlieren, war ihm ganz mulmig geworden. „Hoffentlich holen sie uns ALF nicht weg!" sagte er zu seinem Vater.

Dies war das Stichwort für den Auftritt Seiner Hoheit von Melmac. Geradezu majestätisch schritt ALF ins Wohnzimmer, um sich direkt vor dem Fernseher hinzupflanzen. Nur die Tüte Popcorn in seinem Arm wirkte bei diesem hoheitlichen Schauspiel etwas störend.

„Hoffentlich bist du nicht der einzige, der um meine Zukunft zittert", rief er Brian mit Seitenblick auf Willie und Kate zu.

Lynn war empört. „Wie kannst du nur in so einem entscheidenden Moment Popcorn in dich reinstopfen. Schließlich geht's um deine Zukunft, ALF. Um Sein oder Nichtsein."

Ein geradezu läppischer Vorwurf war das. „Was soll ich denn sonst essen?" konterte er. „Die Kartoffelchips sind alle. Und wenn ich schon in ‚XY ... ungelöst' die Hauptrolle spiele, brauche ich wenigstens etwas zu knabbern."

Mit einemmal war Schluß mit der Diskussion, und im Wohnzimmer der Tanners wurde es mucksmäuschenstill. Der fiese Lenny hatte den Auftritt einer Rachel Autschmainek angekündigt.

Da erschien auch schon Rachel auf dem Bildschirm, ein bißchen hilflos und verlegen. Als erstes erklärte sie dem feisten Moderator, wie man ihren Namen richtig aussprach, nämlich Ochmonek. Was Lenny jedoch wenig beeindruckte. „Na ja, ich nenne Sie einfach Rachel", beschloß er.

Und dann begann das Martyrium der armen Mrs. Ochmonek. Um ihre Geschichte zu belegen, hatte sie tatsächlich die Kartoffelpüree-Skulptur mitgebracht, die gleiche, mit der sie zuvor schon ihren Mann zum Wahnsinn getrieben hatte.

„Das hier habe ich im Garten meiner Nachbarin gesehen", erklärte Rachel dem sichtlich überraschten Lenny Scott.

„Aha, ich verstehe. Sie sahen einen Haufen Kartoffelpüree!" hakte der sofort nach.

Das Publikum im Saal brüllte vor Lachen.

Doch im Hause Tanner war es noch merkwürdig ruhig. Mitleid, Angst und Schadenfreude wechselten sich bei Willie, Kate, Lynn und Brian ab.

Nur ALF war zutiefst empört. In verletzter Eitelkeit schrie er dazwischen: „Hey, das soll ich sein. So plump bin ich aber nicht."

Rachels Situation wurde immer schlimmer. Tapfer versuchte sie, sich und ihre Vision zu verteidigen. Aber Lenny Scott war erbarmungslos. Nach allen Regeln seiner „Kunst" gab er Rachel der Lächerlichkeit preis. Selbst Tanners, die ja nun wirklich genug Probleme mit der Nachbarin hatten, empfanden nur noch Mitleid mit ihr. Nur einer schien sich königlich zu amüsieren. Er fand die Show geradezu phantastisch. Plötzlich war er verschwunden.

Lenny kannte kein Erbarmen. Dieser miese Showmaster ließ keinen noch so billigen Witz aus, um sich über Rachel lustig zu machen. „Und Sie behaupten, Sie hätten sich mit diesem Wesen unterhalten", sagte er gerade zu Rachel. „Was hat es denn gesagt?"

„Es hat spanisch gesprochen. ‚Buenas tardes, Rachel', sagte es."

„Buenas tardes, Rachel", wieherte Lenny. „Dann stammte es wohl aus dem südlichen Teil des Universums." Das Publikum grölte.

Lenny kündete jetzt eine Telefonaktion an, an der sich alle Zuschauer beteiligen sollten, die Rachel eine Frage stellen wollten.

Da meldete sich auch schon der erste Anrufer: „Lach über dich selber, Fettwanst! Ich kann dir sagen, daß Mrs. Ochmonek genau weiß, wovon sie spricht."

Lenny konnte sich vor Lachen kaum noch halten.

Der Anrufer erklärte weiter: „Außerirdische existieren wirklich. Und sie haben diesen Planeten schon öfter besucht. Obwohl man hier mit dem Trinkwasser sehr vorsichtig sein muß."

Das Fernsehpublikum amüsierte sich köstlich und weidete sich am völlig verzweifelten Gesichtsausdruck der armen Mrs. Ochmonek.

Nur einer stutzte plötzlich: Willie Tanner. „Diese Stimme! Die kenn' ich doch!"

Lenny machte unterdessen weiter: „Leute, ich glaube, ein Ufo ist im Anflug, ein noch unidentifiziertes flockiges Objekt."

„Also hör mal", schnarrte es da Lenny wieder aus dem Telefon entgegen. „Bei flockig denke ich zuerst an deine Haare. Trägst du eigentlich ein Toupet, oder sprühst du da Polyester drüber?"

Willie und Kate schnappten nach Luft. Sie stürmten in die Küche, und dort fanden sie ihre böse Ahnung bestätigt.

„Es ist ALF. Er ist es!" keuchte Willie mit einem Anflug von Verzweiflung.

ALF saß tatsächlich am Küchentisch und rief weiter ins Telefon: „Hallo? Hallo!" Dann haute er wütend auf den Tisch und schrie: „Der Kerl hat einfach aufgelegt."

Kate riß ihm den Telefonhörer aus der Hand, während sich Willie, nervlich am Ende, auf einen Küchenstuhl fallen ließ.

„ALF, was um Himmels willen ist eigentlich in dich gefahren, so etwas zu machen? Reicht dir das Chaos immer noch nicht?" fragte er.

„Ist dir denn nicht klar, was für ein Risiko du mit so einer Aktion eingehst?" herrschte auch Kate den Melmac an.

Doch ALF, der außerirdische Menschenfreund, wußte sich mal wieder zu verteidigen: „Na, hört mal. Irgend jemand mußte doch Mrs. Ochmoneks Ehre verteidigen. Die Show war zwar super. Aber die Sache drohte außer Kontrolle zu geraten. Da wollte ich so etwas sein wie die Stimme der Vernunft."

Kate und Willie Tanner waren müde. Was sollte man dazu noch sagen. Sie zogen es vor zu schweigen. Bevor auch noch der geplagte Trevor erschien, um sich bei ihnen über Rachels Schmach auszuweinen, beschlossen sie, schnell zu Bett zu gehen. „Und du, ALF, verschwindest auch sofort in der Wäschekammer. Für heute reicht mir dein Programm."

Kate, Lynn und Brian saßen am nächsten Abend schon beim Abendessen und warteten auf Willie, der heute spät dran war. ALF versuchte gerade, eine seiner so wahnsinnig appetitlichen Geschichten loszuwerden, bei denen es Kate ganz schlecht wurde, da kam Willie endlich zur Tür herein.

„Hallo, mein Schatz", äffte ALF Kates Tonfall nach. „Was gibt's Neues? Gute Nachrichten?"

Willie setzte sich. Er wirkte ziemlich erleichtert. „Na ja, wenn du so fragst, ich glaube, du bist in Sicherheit. Trevor geht überall rum und nimmt die Steckbriefe von dir ab."

„Super! Der Sturm hat sich gelegt. Ihr findet mich am Strand. Wo ist die Sonnenmilch?" Der Melmac war schon aufgesprungen.

„ALF, du bleibst hier!" Kate hatte wieder diesen Tonfall drauf, der keinen Widerspruch duldete.

ALF probierte es trotzdem. „Ich leide unter akutem Sonnenmangel nach dieser Quarantäne. Ich werde langsam beige."

Willie beachtete ALFs Gezetere nicht, denn er wußte nicht nur Gutes zu berichten. „Ich mache mir solche Vorwürfe wegen Rachel. Sie hat sich diese Fernsehsache so zu Herzen genommen, daß sie mit niemandem mehr sprechen will. Sie sitzt jetzt den ganzen Tag vor der Mattscheibe und starrt ins Leere. Trevor ist schon ganz verzweifelt."

„Was will er tun?" fragte Kate.

„Nun, zuerst will er heute abend einen langen Spaziergang machen, dabei seine Gefühle analysieren, und dann will er Bowling spielen", erklärte Willie die Situation bei ihren Nachbarn.

„Am besten gehe ich mal rüber und rede mit ihr“, beschloß ALF spontan und voller Hilfsbereitschaft.

„Bravo, Sportsfreund, du bist wirklich clever.“ Kates bissige Ironie schien ALF getroffen zu haben. Ganz zerknirscht wirkte er. „Aber irgendwas muß ich doch unternehmen. Die arme Frau ist doch nur meinetwegen so durcheinander!“ grübelte er.

„Ausnahmsweise hast du wirklich mal recht. Rachel fürchtet sogar, sie hätte den Verstand verloren. Was können wir nur tun?“ Willie war ratlos.

Kate wußte auch nicht weiter. „Also, ich weiß nicht, Schatz“, überlegte sie laut, „sprich mit ihr, sei geduldig, überzeuge sie, daß sie keinen Außerirdischen gesehen hat.“

ALF protestierte empört: „Das geht nicht. Wie sagt der Weise doch gleich: Ich bin das Chaos, also bin ich! Ich bin nun mal unvergeßlich. Da muß uns etwas Besseres einfallen.“

Rachel Ochmonek saß nun schon seit Stunden in ihrem roten Morgenmantel vor dem Fernseher. Die Haare hingen wirr um ihren Kopf, ihr Gesicht wirkte verhärmt und teilnahmslos. Sie sah aus wie jemand, der schon tagelang nicht mehr an der frischen Luft gewesen war.

Ihren Blick starr auf den Fernseher gerichtet, konnte sie nicht sehen, wie ALF vorsichtig durch das leicht geöffnete Fenster blinzelte. Rachels Aussehen schockte ihn. Für einen Moment stutzte er. Doch dann besann er sich wieder darauf, was er eigentlich wollte. Gelassen montierte er ein kleines Mikrofon auf das Wohnzimmerfensterbrett der Ochmoneks, um sich anschließend an der Außenseite des Hauses am Fernsehkabel zu schaffen zu machen.

Auch in der Garage der Tanners war alles vorbereitet. ALF hatte Willies Videoausrüstung aufgebaut. Es herrschte so was wie Studioatmosphäre. Nur der Moderator war eine etwas schrille Erscheinung. ALF schaute aus wie ein Außerirdischer beim Faschingsball. Um seine Exotik noch zu steigern, trug er ein schreiendgelbes Hula-Hemd und eine gleichfarbene Taucherbrille. Von seinem Kopf baumelten Drähte und Perlenschnüre.

Selbstzufrieden summte er vor sich hin. „Okay. Die ALF-Rundfunk- und Fernsehgesellschaft geht jetzt auf Sendung." Er drückte auf einen Knopf, und sein Gesicht erschien auf Mrs. Ochmoneks Bildschirm. Rachel schreckte aus ihrer Lethargie hoch und starrte mit vor Entsetzen geweiteten Augen auf diese Fernseherscheinung.

„Ich grüße dich, Erdenweib. He, Rachel, kannst du mich hören?" sprach sie da eine knarzige Stimme an.

Sie sprang auf, versuchte umzuschalten, aber auf allen Kanälen erschien dieses Wesen und seine Stimme: „Keine Panik. Ich bin der Außerirdische, den du neulich gesehen hast. Erinnerst du dich? Ich bin dein Mister Knollenkopf."

Rachel stöhnte auf. Sie versuchte sich selbst zu beruhigen: „Nur mit der Ruhe, Rachel. Es gibt keine Außerirdischen. Das weiß doch jeder. Sogar ich."

ALF aber ließ nicht locker. „So ein Quatsch! Wir existieren wirklich. Ich mach' das hier nur, um dir zu beweisen, ähm, daß dein Verstand noch auf allen drei Zylindern läuft."

„Bitte, bitte, tu mir das nicht an", flehte Mrs. Ochmonek die Erscheinung an, „gerade jetzt, wo ich angefangen habe, wieder ein normales Leben zu führen." Sie schien aus dem Zimmer rennen zu wollen.

Da aber wurde ALF richtig böse. „Was? Normales Leben nennst du das? Den ganzen Tag im Bademantel vor dem Fernseher sitzen?"

Verzweifelt raffte Rachel Ochmonek ihren Bademantel zusammen und ließ sich in ihren Fernsehsessel zurückfallen. „Wo bist du?" fragte sie und sah sich suchend im Wohnzimmer um. Vielleicht hatte der Außerirdische sich ja hier irgendwo versteckt?!

„Ach, ich bin draußen im All, weit, weit draußen, Millionen Lichtjahre von der Erde entfernt", war jetzt die Stimme wieder zu vernehmen.

Und dann erklärte ALF der Nachbarin, er wolle ihr helfen, ihren Glauben zurückzugewinnen und ihre Vorstellungskraft und ihre mädchenhafte Lebenslust... Gerade als er ihr vorschlug, sie solle Stunden bei einem Bildhauer nehmen, betraten Willie und Kate die Garage.

„Was machst du denn da?“ rief Kate erstaunt.

Geistesgegenwärtig hielt ALF seine Hand vor die Linse der Videokamera, damit Mrs. Ochmonek die kleine Störung nicht bemerkte. „Bleiben Sie am Bildschirm. Wir haben eine kleine technische Panne. Ein Meteoritenregen!“ rief er Rachel übers Mikrophon zu.

„ALF, du machst alles noch schlimmer!“ tadelte Kate, die schneller als Willie die Situation durchschaut hatte.

„Au contraire! Ich versuche, die Angelegenheit in Ordnung zu bringen. Und jetzt geht mir gefälligst aus den Augen, ihr Weltraumdackel!“

Willie regte sich zwar schrecklich über ALFs Vergleich mit einem Dackel auf, aber er und Kate verzogen sich dann doch in den Hintergrund.

ALF nahm nun die Hand von der Linse und erschien wieder auf Rachels Bildschirm. Von ihr unbemerkt, hatte er auf den Kassettenrecorder gedrückt. Wagnermusik erklang und untermalte ALFs Ansprache an das Erdenweib: „Rachel, hör mir gut zu. Es ist sehr wichtig für dich. Es gibt viele Dinge in diesem Universum, die du gar nicht verstehen sollst. Wie zum Beispiel diesen meinen Auftritt. Aber ich bin Wirklichkeit. Und ob es dir die Menschen glauben oder nicht, du weißt, daß es mich gibt. Ich danke dir.“ Abrupt stoppte die Musikuntermalung.

Rachel beugte sich vor. „Ich möchte dich etwas fragen. Wozu trägst du diese seltsamen Sachen auf dem Kopf?“

Einen Moment lang war ALF unsicher und schaute an sich herunter. „Ahm, äh, das gehört zu den Dingen, die du nicht verstehen solltest. Aber da ist noch etwas. Du solltest immer ein paar Kürbiskuchen auf die hintere Veranda stellen, einmal die Woche. Und frage dich niemals, warum sie verschwinden. Oder sagen wir besser, zweimal die Woche!“

„Oh, klar, das mach’ ich.“ Rachel war ganz begeistert.

„Braves Mädchen. Ach, da fällt mir noch ein: Warum hast du eigentlich keine Katze? Du solltest das schleunigst ändern.“

Willie und Kate reichte es jetzt. Bevor sie aber eingreifen konnten, beendete ALF bereits seine Mission.

„Also, ich muß jetzt aufhören. Ich wünsche dir ein langes, glückliches Leben, viel Kraft weiterhin. Ruf die Tanners an und sag ihnen, daß du wieder in Ordnung bist. Und vergiß den Kürbiskuchen nicht. Leb wohl!“ Dann drehte ALF schnell ab.

Rachel Ochmonek sprang auf und drehte sich überglücklich im Kreis. „Danke“, rief sie immer wieder. „Danke, wer immer du bist.“ Mit ihrer Kartoffelskulptur tanzte sie aus dem Zimmer.

In der Garage spielte sich inzwischen eine ganz und gar ungewohnte Szene ab. ALF war völlig zerknirscht. In Erwartung der obligatorischen Standpauke versuchte er zu retten, was noch zu retten war. „Ich weiß, ich weiß“, verteidigte er sich. „Ich hätte das nicht tun sollen. Ich habe es aber gemacht. Aber ich habe zuerst gedacht und dann erst gesprochen. Nein, eigentlich habe ich erst gesprochen und dann nachgedacht.“

Willie unterbrach seinen Wortschwall. „Ähm, was du getan hast, ALF, war sehr nett. Ich glaube, du hast Rachel wirklich geholfen.“

„Ja, es war sehr nett. Wir sind stolz auf dich“, ergänzte Kate.

ALF, der seinen Ohren nicht getraut hatte, ließ sich seine Überraschung nicht anmerken. Zufrieden schaute er an sich herunter. „Ja? Ja, ich bin wirklich ein toller Typ. Vielleicht kriege ich sogar den Friedensnobelpreis? Der würde sich doch hübsch auf unserem Kamin machen.“

Nach dem Abendessen spielten Kate und Willie Karten. Da klopfte Trevor an die Tür und stand auch schon mitten im Zimmer. „Hey, Tanner. Haben Sie vielleicht jemanden gesehen, der ein paar Kürbiskuchen von unserer Veranda weggenommen hat?“ fragte er.

Willie schüttelte den Kopf.

„Aber wie geht es Rachel? Reagiert sie wieder normal?“ erkundigte sich Kate neugierig nach dem Befinden der Nachbarin.

Trevor grinste mitleidig. „Sie sagt, ein Wesen aus dem All hätte ihr über das Fernsehen geraten, Bildhauerstunden zu nehmen. Finden Sie das normal?“

Kate zuckte zusammen.

„Aber egal, wenigstens ist sie dabei glücklich“, betonte Trevor. „Wir gehen jetzt aus zum Abendessen. Sollen wir euch Maiskolben mitbringen?“

„Danke, wir haben schon gegessen. Vielleicht beim nächstenmal. Bis dann, Trevor“, lehnte Kate das Angebot freundlich ab.

Trevor verließ fröhlich pfeifend das Haus. Und im selben Moment öffnete sich die Durchreiche zur Küche. ALFs Kopf erschien. „Ich höre, es gibt heute Maiskolben?“

In der Kutte des Büßers

Wer den Posteingang einer Person als Maßstab für ihre Bedeutung nimmt, der hätte ALF für einen Generaldirektor gehalten. Keiner bei Tanners bekam so viele Prospekte, Bettelbriefe, Lotterieangebote und Werbeschreiben wie der dicke Melmac. Neben Fernsehen gehörte das Öffnen dieser bunten Post zu seinen Lieblingsbeschäftigungen, und so war er stets bestrebt, daß die Flut der Briefe nicht abriß.

An jenem Dienstag morgen war der Inhalt des Briefkastens besonders ergiebig gewesen. Eine halbe Stunde saß ALF bereits am Eßtisch und arbeitete sich mit dem Brieföffner durch einen Berg von Umschlägen in allen Größen und Farben.

„Hey, Kate, sieh dir das mal an. Hier gibt es eine Sondermarke zur Erinnerung an einen Kerl, der mal auf dem Mond spazierengegangen ist!"

Voller Unverständnis darüber, daß man aus so einer Lappalie eine Briefmarke machen kann, hielt ALF Kate den Umschlag unter die Nase.

Kate lachte und erklärte dem Außerirdischen, daß dieser Mondspaziergang schließlich einer der bedeutendsten Augenblicke der Menschheit gewesen wäre. Wochenlang hatte man von nichts anderem gesprochen, und noch heute erinnerte sie sich genau an die spannende Übertragung im Fernsehen. Dieser Mensch, Neil Armstrong, hatte ihrer Meinung nach durchaus eine Briefmarke verdient.

„Na, wenn schon", gab ALF zu bedenken, „ich bin der erste Melmac, der sich seine Hände vor dem Essen wäscht. Komm' ich dafür vielleicht auf 'ne Sondermarke?"

„Vielleicht verleiht dir die Seifenindustrie dafür einen Orden!" machte sich Kate über ALF lustig. Der wandte sich wieder seiner Post zu. Erst als Willie von der Arbeit nach Hause kam, ließ er sich wieder stören.

„Hi, Willie, gut, daß du kommst. Was hast du mir mitgebracht?" wollte er wissen.

„Nichts!"

„Also dasselbe, was du mir gestern mitgebracht hast. Wie einfallslos!" brummelte ALF vor sich hin.

Willie ließ das kalt. Er freute sich statt dessen auf sein Abendessen. „Und was hat mein treues Eheweib denn heute Feines für mich?" fragte er und hielt seinen Riechkolben schnuppernd in Richtung Küche.

„Sieh mal im Ofen nach! Ich hab' da was für dich im

Backofen warm gestellt." Kate fühlte sich über Willies Interesse an ihrer Kochkunst geschmeichelt.

„Im Backofen? Völlig unbewacht?" fragte da der hungrige Willie alarmiert mit einem deutlichen Seitenblick auf ALF.

„Es hätte dir sowieso nicht geschmeckt. Das Kalbfleisch war fast ungenießbar!" tönte es da auch schon aus ALFs Richtung. Und als Krönung folgte noch sein Rat an Kate: „Leg das Fleisch nächstes Mal lieber vorher über Nacht in eine Marinade ein. Dann ist es nicht so zäh!"

Kate war wütend, aber sie beschloß, auf ALFs dumme Sprüche nicht zu reagieren. Statt dessen entschuldigte sie sich bei Willie und bot ihm an, ein Sandwich zu machen, falls noch ein bißchen Brot da wäre.

„Ein halbes Rosinenbrötchen müßte eigentlich noch übrig sein", gab ALF ungefragt Auskunft über die häuslichen Vorräte. Bevor Willie mit Kate in der Küche verschwinden konnte, wechselte ALF noch schnell das Thema:

„He, Willilein, sag mal, möchtest du nicht den Mönchen was spenden?"

„Welchen Mönchen?" wollte Willie irritiert wissen.

„Wir haben hier ein Bittschreiben von den Brüdern des Friedensordens bekommen!" ALF schwenkte einen Umschlag. Aber Willie hatte bereits etwas ganz anderes in ALFs Papierbergen entdeckt.

„Das ist doch mein Scheckbuch!" Mit wenigen Schritten war Willie am Eßtisch. „Was machst du denn damit?" fragte er gereizt und zog sein Scheckheft aus dem Papierhaufen.

Der Melmac spielte mal wieder seine Lieblingsrolle: die Unschuld vom Lande!

Er nahm Willie das Scheckbuch aus der Hand und sagte leichthin: „Ja, das sind deine Schecks. Und ich sage dir, keiner kann deine Unterschrift besser als ich."

Auf einem seiner vielen Briefumschläge machte er es Willie vor. „Ich habe sogar diese weibische Schleife hingekriegt, mit der du dein großes ‚T' verzierst!" fügte er hinzu.

Willie entriß ALF das Scheckbuch. „Noch tragen diese Schecks meinen Namen“, schrie er mit hochrotem Kopf. „Und solange entscheide ich allein, wer welches Geld bekommt. Und meine Schleifen sind nicht weibisch, sie sind dekorativ.“ Brüsk drehte er sich um und verschwand in der Küche.

„Mann, haben wir eine Laune!“ rief ALF ihm empört nach.

Irgendwie war in diesem Abend der Wurm drin, fand ALF. Es gab absolut nichts Interessantes im Fernsehen, und die Post hatte er nun schon dreimal durchgesehen. Mit den Tanners war auch nichts anzufangen. Willie kaute an seinem Rosinenbrötchen, und Kate nähte ein Kostüm für Brian. Der Kleine stand wie eine Statue auf einem Stuhl, damit Kate die Länge der Beinkleider abstecken konnte:

„Halt still, Brian, sonst piek' ich dich noch!“ warnte sie ihren Sohn.

ALF nahm das Kostüm genau in Augenschein. „Du siehst toll aus, Amigo, fast wie der Sohn vom Papst!“

Brian aber war richtig stolz auf seine Verkleidung. „Das ist auch ein wichtiges Stück, das wir in der Schule aufführen. Ich bin Bruder Tuck, einer von Robin Hoods fröhlichen Mannen.“

Das interessierte ALF nun doch, und er erzählte dem erstaunten Brian, daß es auch auf Melmac einen Robin Hood gegeben hatte.

„Hat der auch die Reichen beraubt und das Geld dann den Armen gegeben?“ fragte Brian seinen galaktischen Freund.

„Nein, so blöd war der nicht. Der klaute nur so lange, bis er selber reich war! Ha! Ha!“

Kate verdrehte die Augen und warf einen flehenden Blick gen Himmel, aber ALF schlug sich vor Begeisterung auf die Schenkel. Auch Brian schüttelte sich so vor Lachen, daß Kate nicht weiterarbeiten konnte.

„Brian, bitte, steh still. Und du, ALF, laß uns bitte mal eine Zeitlang in Ruhe!"

Kate wollte das Kostüm an diesem Abend unbedingt noch fertigbekommen.

„Okay, okay, dann geh' ich eben Lynn ärgern!" schmollte der Melmac. Er fühlte sich abgeschoben.

Lynn saß am Tisch und machte etwas für die Schule. Um sie herum verstreut lagen alte Fotos, Klebstoff und eine Schere.

„Was ist denn das alles für ein Zeug?" erkundigte sich ALF.

„Oh, das ist eine Arbeit für den Soziologieunterricht. Ich stelle unseren Familienstammbaum auf!" gab Lynn bereitwillig Auskunft.

„Wer hat den Baum denn umgelegt? Hoffentlich nicht ich schon wieder!" wies ALF vorsichtshalber gleich mal die Schuld von sich.

Da konnte ihn Lynn beruhigen. Sie rutschte ein wenig zur Seite und erklärte ALF ausführlich, was sie da tat: „Das ist kein richtiger Baum. Sieh mal. Er zeigt alle meine Vorfahren, wen sie geheiratet haben und wer ihre Kinder waren. Jeder Verwandte hat einen Ast."

„Außer eurer Großmutter Dorothy. Die hat 'ne Meise. Ha!" prustete ALF lauthals heraus. Lynn stimmte in das Lachen über die ungeliebte Großmutter ein.

Kate mochte es aber gar nicht, wenn über ihre Mutter gelästert wurde. Drohend hob sie ihre Augenbrauen und warnte die beiden: „Vorsicht! Jetzt reicht's!"

ALF aber zwinkerte Lynn vertraulich zu. „Die Alte ist doch nicht etwa schon wieder im Anrollen?"

Die letzten Besuche von Dorothy hatte er nur noch zu gut in Erinnerung. Das mußte nun wirklich nicht sein, daß diese überdrehte Schneegans das Tannersche Haus auf den Kopf stellte. Dazu brauchte er Dorothy nicht. Das konnte er auch ganz gut allein.

Lynn konzentrierte sich wieder auf ihren Familienstammbaum. Sie zeigte ALF ein Jugendfoto von Kate. „Schau mal. Bei dieser Arbeit findet man ganz interessante Sachen heraus. Zum Beispiel sieht man auf diesem Bild deutlich, daß die eigene Mutter einen Lippenstift benutzt hat. Mit vierzehn! Man selber aber durfte das nicht, bevor man sechzehn war!"

„Oh", rechtfertigte sich die überführte Kate, „ich habe damals immer aufgesprungene Lippen gehabt."

„Hattest du auch aufgesprungene Augenlider?" fragte die Tochter provozierend zurück.

Kate beschloß nun doch, sich nicht weiter auf dieses Thema einzulassen, und versuchte statt dessen lieber, eine sinnvolle Beschäftigung für den sich langweilenden ALF zu finden.

„ALF, warum machst du dir nicht auch so eine Familienchronik?" schlug Kate ahnungslos vor.

„Ja, es macht echt Spaß, sich seiner Vorfahren zu erinnern", unterstützte Lynn sie. „Ich helf' dir gern und zeige dir, wie man so einen Stammbaum aufbaut!"

Der Außerirdische winkte ab:

„Ach, ich erinnere mich nur an wenig. Mein Vater war so ein richtiger Despot. Der hat immer alle Sachen kaputtgemacht, und meine Mutter saß den ganzen Tag rum und hat gegessen. Dafür braucht man eigentlich keine Chronik!"

Bei soviel sozialem Elend mußte sogar Kate anerkennen, daß sich ALF trotzdem erstaunlich gut entwickelt hatte. Wahrscheinlich lag das an seiner berühmten Großmutter Shumway, vermutete sie.

„Danke für das Kompliment. Starke Charaktere lassen sich einfach nicht unterkriegen", war ALF geschmeichelt. „Dafür putze ich mir manchmal die Nase mit dem falschen Handtuch, ein Überbleibsel aus meiner schweren Kindheit!" bog ALF das rührselige Thema erst mal ab. Trotzdem hatte ihm das Gespräch über seine liebe Verwandtschaft doch Spaß auf einen eigenen Stammbaum gemacht.

Da kam Willie ins Wohnzimmer, und das nahm ALF die weitere Entscheidung ab: „Hey, Willie“, wandte sich ALF nonchalant an das Familienoberhaupt. „Ich denk’, ich mach’ mir auch so einen Stammbaum. Vielleicht kannst du mal in die Garage springen und mir ein paar Kistchen rübertragen.“

Willie, dem so und so etwas langweilig war, wollte ALF zeigen, daß er ihm das verdorbene Abendessen nicht weiter übelnahm, und sagte leichtsinnigerweise ja.

Als er jedoch den dritten Karton ins Wohnzimmer geschleppt hatte, wischte er sich den Schweiß von der Stirn. „Jetzt verstehe ich, wieso dein Raumschiff abgestürzt ist“, keuchte er. „Du hattest deine Ladekapazität überschritten.“

„Stell dich nicht so an, Willie-Schatz. Du hättest mir ja sagen können, wenn ich dir hätte helfen sollen. Ich wußte gar nicht, daß du so schwächlich bist. Vielleicht sollten wir dich mal wieder bei den Bodybuildern anmelden?“

Während ALF schon eifrig in den Kartons herumkramte, maulte Willie weiter rum:

„Ich hatte dich ja um Hilfe gebeten. Aber du hast abgelehnt!“

„Das ist mir aber unangenehm! Vielleicht probierst du es künftig mit dem Zauberwort ‚bitte‘. Dann kann ich einfach nicht ‚nein‘ sagen!“

Noch ehe Willie eine passende Antwort gefunden hatte, war ALF schon fündig geworden: Er hatte aus der Tiefe einer seiner Kisten einen großen braunen Umschlag hervorgekramt und legte nun einige angegilbte Fotos und jede Menge Kleinkram auf den Tisch:

„So, Willie, das ist alles, was ich für meinen Familienstammbaum brauche. Den Rest kannst du wieder zurücktragen!“

Mit einer wegwerfenden Handbewegung machte Vater Tanner deutlich, was er von diesem Vorschlag hielt. „Mach es selbst!“

Lynn aber war neugierig geworden und wollte wissen,

was ALF noch alles in diesem geheimnisvollen Umschlag hatte.

ALF nutzte die Gelegenheit zu einem Auftritt. Er stand auf und breitete theatralisch seine Arme aus: „Diese Kartons enthalten die kümmerlichen Reste einer großen, vergangenen Zivilisation. Es sind die Erinnerungen an ein Volk, dessen Geist und Kultur wirklich einzigartig war! Einzigartig im ganzen Universum."

Mehr belustigt als beeindruckt, hörten sich Lynn und Willie den Vortrag ihres Melmacs an. ALF hatte inzwischen wieder auf dem Stuhl Platz genommen und die Fotos auf dem Tisch ausgebreitet. Eines nach dem anderen schaute er sich genau an und ließ immer wieder einen seiner dröhnenden Lacher los.

Lynn war inzwischen richtig neugierig geworden. ALFs Vergangenheit interessierte sie. Sie zog eines der merkwürdigen Fotos aus dem Stapel und fragte:

„Wer sind denn diese, ähm, Persönlichkeiten?"

„Oh, gib mal her. Super! Das ist meine vierte Schulklasse." Dann zeigte ALF auf eine Figur, die eine entfernte Ähnlichkeit mit ihm aufwies. Stolz sagte er: „Der da, der Klebstoff ißt, das bin ich! Gordon Shumway von Melmac, alias ALF!"

Das wollte sich natürlich auch Kate nicht entgehen lassen. Sie ließ ihre Näharbeit liegen und gesellte sich zu den beiden. Auch ihr hatte es das Klassenfoto besonders angetan.

„Wozu hattet ihr denn den großen Staubsauger dabei?" fragte sie ohne böse Hintergedanken.

„Das ist meine Lehrerin!" ALF tat beleidigt.

Das konnte Lynn nun wirklich nicht glauben. „Deine Lehrerin der vierten Klasse war ein Staubsauger? Das gibt es doch nicht, ALF!"

„Ich muß doch sehr bitten! Hier wird nicht gelästert. Frau Landers war meine Lieblingslehrerin. Sie war außergewöhnlich. Sie konnte auf den Händen laufen und dabei

Fusseln aufsammeln mit ihrem großen, gefräßigen Mundwerk ... Nun, sie war wirklich ein Staubsauger!"

Kate hatte bereits ein anderes Foto aus dem Berg gefischt. „Oh, sieh mal, hier hast du versehentlich ein Foto von deinem Daumen gemacht!"

Das sei ihm beim Fotografieren auch schon mal passiert, mischte sich Willie jetzt ein.

„Von wegen ‚passiert'", gab ALF gereizt zurück. „Ich sammle Fotos von meinem Daumen ... Seht mal, das hier ist mein Daumen am Strand ... Und hier mein Daumen beim Abschlußball ... Ach nein, das ist ja mein großer Zeh. Aber das Foto ist ohnehin nichts geworden!" Achtlos warf er das Bild hinter sich.

„Sind das deine Eltern?" Lynn hatte wieder ein Foto aus dem Stapel gezogen. Es schien sie besonders zu interessieren. Schließlich ging es ja um ALFs Stammbaum. Und der ließ sich mit verwackelten Daumen und Zehen nicht gut aufstellen.

„O ja, das war an ihrem Hochzeitstag. Hier füttert Mami Daddy gerade mit einem Stück Hochzeitskatze."

Lynn stellte fest, daß ALF die Nase von seinem Vater geerbt habe. Aber die Warzen über den Riffeln seien wohl von seiner Mutter.

Der Melmac betrachtete diese Feststellung als Kompliment: „Ja, in Nasen ist meine Familie einfach überragend. Ha! Ha! Ha! Ha! Ich lach' mich noch tot!"

Mit einemmal hielt ALF inne und schüttelte verwirrt den Kopf. Er hatte das Hochzeitsfoto umgedreht und ein Datum gefunden, das ihn offensichtlich beunruhigte. „Moment, hier stimmt was nicht! Nach diesem Foto hätten meine Eltern schon am zwölften Vorzeiter geheiratet. Aber ich wurde erst am achtundzwanzigsten Hinterzeiter geboren."

Die Tanners verstanden ALFs Entsetzen nicht.

„Vorzeiter?" fragte Lynn.

„Hinterzeiter?" ergänzte Willie.

„Was bedeutet das, ALF?" Kate wollte Klarheit.

ALF starrte das Bild erneut an, drehte es um, wieder und wieder. Er konnte gar nicht glauben, was er da sah. „Klingelt es denn nicht in euren tauben Ohren? Das bedeutet, daß meine Eltern schon verheiratet waren, bevor ich geboren war. Das ist unfaßbar."

ALF rannte aus dem Zimmer. Das Foto hatte er noch immer in seinen Pfoten.

Die so schnöde verlassene Familie schaute sich überrascht an. Was sollte das nur wieder bedeuten?

„Da heißt es, es sei leicht, einen Außerirdischen aufzuziehen!" sinnierte Willie vor sich hin.

„Wer sagt denn so was?" Kate tat erstaunt.

„Leute, die noch nie einen Außerirdischen großgezogen haben!" war Willies logische Antwort.

Die Tanners saßen eine Zeitlang noch am Tisch und sahen sich mit unverhohlener Freude die gesammelten Jugenderinnerungen ihres galaktischen Familienmitgliedes an. Als aber immer mehr Zeit verging, ohne daß ALF auftauchte, wurden ihre Mienen besorgter. Schließlich beschlossen Kate und Willie mal nach dem Rechten zu sehen.

ALF hatte sich in ihrem Schlafzimmer eingeschlossen.

Von außen hörte man leises Weinen. Jetzt waren Kate und Willie wirklich erschrocken. ALF weinte?

„ALF? ALF? ALF?" lockte Willie.

„Wer ist da?" schniefte es aus dem Schlafzimmer.

„Wer kann da wohl sein. Dreimal darfst du raten." Willie versuchte vom Gang aus einen seiner berüchtigten Scherze. Doch die Reaktion von drinnen zeigte ihm, daß Melmackie im Moment nicht gut drauf war.

„Willie, ich bin nicht in Stimmung für Ratespielchen. Bitte bleib draußen."

Willie ließ nicht locker. Für ihn war Alarmstufe rot angesagt. „ALF, was machst du da drin?"

„Ich starre aus dem Fenster und denke über das Unglück meines Lebens nach."

„Ich meine nicht, was du da drin *machst*, sondern was machst du da *drinnen*?“

Willie konnte ganz schön penetrant sein.

„Typisch, immer spielst du den Oberlehrer“, schniefte ALF.

Doch da drehte sich leise der Schlüssel im Schloß. ALF hatte aufgeschlossen.

Kate und Willie berieten sich tuschelnd, ob das wohl als Einladung zu verstehen sei. Vielleicht brauchte ALF wirklich ihre Hilfe.

„Wir kommen rein!“ warnte Kate, öffnete die Tür und knipste das Licht an.

ALF lag quer über das Doppelbett gebreitet und wirkte wie ein Häuflein Elend. Um sich herum hatte er Stapel von Handtüchern aufgeschichtet. Einige lagen bereits zerknüllt und tränennaß vor dem Bett.

„Was ist denn los?“ Kate klang besorgt.

„Sieht aus, als spielt er Susan Haywards Sterbenummer!“ Willie konnte sich nicht mal in dieser schweren Stunde seine Ironie verkneifen.

Wenn Blicke töten könnten, wäre er jetzt eine Leiche gewesen! „Nur weiter so!“ röchelte ALF mit matter Stimme. „Mach du deine Witze, während mein Leben in Scherben liegt!“

Kate setzte sich zu ALF auf die Bettkante und fragte mütterlich-mitfühlend: „Aber wo liegt denn dein Problem, ALF?“

Wieder wurde ALF von einem kräftigen Schniefer geschüttelt, dann zog er laut und vernehmlich seine Nase hoch und ließ seinem ganzen Kummer freien Lauf: „Ich hab's euch doch schon gesagt. Ich bin gezeichnet und trage das schlimmste aller Schandmale, denn ich wurde ehelich geboren. Ehelich!“

Willie und Kate verstanden nichts, gar nichts. Was sollte daran nun so schlimm sein?

„Also, wenn es dir irgendwie hilft, wir wurden beide

ebenfalls ehelich geboren!" versuchten Willie und Kate ALF zu trösten.

„Na und?" kreischte ALF da empört. „Glaubt ihr, das große Universum folgt denselben moralischen Gesetzen wie euer rückständiger Planet, auf dem man sich Filme wie ‚Dirty Dancing' ansieht?"

Kate protestierte heftig. Sie wäre zwar damals in „Saturday Night Fever" gewesen, aber den Schweine-Mambo-Film hätte sie nicht gesehen.

„Das solltest du aber", empfahl ALF. „Patrick Swayze ist nämlich ein guter Schauspieler! Nur tanzt er wie mein Freund Skip nach dem fünfzigsten Astro-Bier!"

Kate wollte die abendliche Problemkiste gern hinter sich bringen.

„ALF", fragte sie erneut, „was macht es für einen Unterschied für dich, daß deine Eltern schon verheiratet waren, bevor du geboren wurdest?"

ALF hatte sich ein wenig aus den Kissen erhoben. Das ganze Bettzeug war verwurschtelt. In wenigen Minuten hatte er es geschafft, ein Chaos anzurichten.

„Das könnt ihr nicht verstehen. Wer auf Melmac von einer verheirateten Frau geboren wurde, war moralisch in einer unmöglichen Situation. Das war fast so schlimm, wie eine Katze zu lieben, wenn ihr wißt, was ich meine."

Verzweifelt warf er sich zurück in die Kissen. Er war offensichtlich völlig durcheinander.

„Lassen wir ihn in Frieden!" schlug Kate vor.

„Und wo sollen wir schlafen?" empörte sich Willie über ALFs Frechheit, einfach sein Bett zu beschlagnahmen.

Da hob ALF erneut den Kopf. „Ihr könnt es zur Abwechslung ja mal mit dem Wäschekorb versuchen", schlug er vor.

Kate dachte eher an die Bettcouch, doch auch die war Willie nicht recht. Die Bettcouch habe zu viele Knubbel, gab er zu bedenken.

Jetzt reichte es ALF aber wirklich. „Na fabelhaft", fuhr

er Willie an, „bei mir bricht eine Welt zusammen, und Mr. Sensibelchen macht sich Sorgen über Knubbel!"

Kate, die spürte, wie sich in Willie ein Unwetter zusammenbraute, zog ihn hinter sich her aus dem Schlafzimmer: „Es ist doch nur für eine Nacht", versuchte sie ihn zu beruhigen, erntete dafür aber nur ein ironisches: „Du bist vielleicht eine Optimistin!"

So sich selbst überlassen, krabbelte ALF wieder aus dem Bett und schlurfte zum Fenster. „Ich wünschte, das Leben wäre gerechter!" murmelte er voller Selbstmitleid. Dann schaute er nach draußen und sah im Haus gegenüber Rachel bei ihrer Abendtoilette. Soeben nahm sie ihr Haarteil ab.

„Man sollte der guten Rachel den Tip geben, beim Ausziehen die Rollos runterzulassen. Das ist schließlich eine Frage der Nachbarschafts-Ästhetik."

Am nächsten Morgen kamen die Tanners gähnend in die Küche, um das Frühstück vorzubereiten. Zu ihrer Überraschung entdeckte Kate ein bereits benutztes Gedeck. Schlaftrunken öffnete sie dann den Kühlschrank, um Butter, Wurst, Käse und Eier herauszuholen. Doch als sie einen ersten Blick hineingeworfen hatte, wurde sie schlagartig hellwach.

Eine erschreckende Leere gähnte sie an.

Im gleichen Moment entdeckte Willie seinen Kassettenrekorder und einen Zettel auf dem Tisch.

„Kate, hör mal", kam er aufgeregt in die Küche und las vor:

Liebe Erdenfamilie. Das Gewicht meiner Schande ist so groß, daß ich beschlossen habe, euch zu verlassen. Drückt ‚Play' für weitere Einzelheiten.

Willie drückte auf den Play-Knopf des Kassettenrecorders und hörte die Anfangsakkorde von Carmen. Die Melodie des Torero-Songs kündigte Dramatik an.

Dann hörte man ALF.

Mit einer kaum zu ertragenden Melancholie stieg er in den Gesang ein. Schließlich folgte seine Ansprache an die Erdenbürger: „Hallo, Tanners! Hier spricht ALF. Hoffentlich habt ihr nichts dagegen, daß ich eure Carmen-Aufnahme hiermit lösche. Wir ihr inzwischen sicherlich festgestellt habt, bin ich nicht mehr da, sondern hier." Bevor er fortfuhr, folgte ein dramaturgisch geschickter Seufzer. „Und ich werde dahin gehen, wo Friede und Gelassenheit die Gedanken beflügeln, die ich mir mache über die Schicksalsschläge des Lebens."

„Was weiß der schon von den Schicksalsschlägen des Lebens? Ich muß ihm noch immer den Klodeckel hochklappen!" Kate war richtig sauer.

ALF plapperte unterdessen weiter vom Band: „Vielleicht werde ich euch eines Tages, wenn ich meine elende Herkunft verkraftet habe, alle wiedersehen. Lebt wohl. Ich liebe euch alle. Und weiter geht es mit klassischer Musik!"

Man hörte ALF noch eine Weile das Torero-Lied trällern, und dann war das Band zu Ende.

Willie stellte den Recorder ab. Nach dem Klicken der Stop-Taste herrschte tiefe Stille. Mit Tränen in den Augen fragte Kate: „Was meinst du, wo er hingegangen ist?"

Hilflos zuckte Willie mit den Schultern: „Das weiß nur der Himmel!"

So war die morgendliche Stimmung also fast auf dem Nullpunkt, als auch Lynn und Brian nach unten kamen. Die beiden waren ziemlich berührt, als sie die Neuigkeit erfuhren. Die beiden verstanden ALFs eigenartige Beweggründe noch weniger als ihre Eltern. Während die große Ratlosigkeit ausbrach, hörte Willie noch einmal das Tonband ab, um irgendeinen Hinweis auf ALFs Verbleib zu bekommen.

Wieder ertönte es salbungsvoll vom Band: „Wie ihr schon wißt, bin ich nicht mehr da, sondern hier. Und ich werde dahin gehen, wo Friede und Gelassenheit die Gedanken beflügeln, die ich mir mache über die Schicksalsschläge des Lebens."

Wohin nur, so fragten sich alle, könnte wohl ein neunzig Zentimeter großer, behaarter Außerirdischer gehen, ohne aufzufallen?

Nur Brian hatte eine Neuigkeit. „Mein Kostüm für die Schulaufführung ist weg. Vielleicht ist ALF damit in die Sherwood-Wälder gezogen?"

„Die Sherwood-Wälder sind in England. ALFs Vorräte aber langen höchstens bis Kanada." Kates Einschätzung des Melmacschen Appetits überwog eindeutig ihren Glauben an ALFs Edelmut.

„Aber warum ist denn ALF überhaupt weggelaufen?" bohrte Brian nach.

Willie versuchte ihm zu erklären: „Das verstehst du erst, wenn du älter bist."

„Wie alt?" fragte Brian. Der Junge ließ einfach nicht locker.

„Also jedenfalls älter als ich. Denn ich verstehe es immer noch nicht", erklärte Willie.

Lynn hatte in der Zwischenzeit den Garten und die Garage abgesucht. Als sie zurückkam, war an ihrem Gesicht abzulesen, daß auch sie nur Fehlanzeige melden mußte. „Wo kann er nur hin sein?" sprach sie aus, was alle dachten.

„Zu einem Platz, wo Frieden und Gelassenheit die Gedanken beflügeln über die Schicksalsschläge des Lebens!" zitierte Willie gedankenlos ALFs Tonbandnachricht.

Da plötzlich stutzte Lynn. „‚Zu einem Platz, wo Frieden und Gelassenheit ...' Das kommt mir doch irgendwie bekannt vor!"

Lynn sprang auf, holte den Papierkorb und wühlte darin herum. „ALF wollte, daß ich mein Taschengeld ein paar Mönchen schicke ... Halt, hier ist es!"

Lynn hatte einen der Bettelbriefe aus dem Papierkorb gezogen, strich ihn glatt und las vor: „Friede und Gelassenheit ... Schicksalsschläge des Lebens ... Das ist von den Brüdern des Friedensordens!"

„Klar. Das ist es! ALF ist ins Kloster gegangen!" Kate schlug sich mit der Hand vor die Stirn.

ALF hatte sich tatsächlich Zutritt zum Kloster des Friedensordens verschafft. Mit Brians Robin-Hood-Kostüm hatte ihn Bruder Ed sofort aufgenommen. Er kam den Mönchen zwar merkwürdig vor mit seiner extrem untersetzten Gestalt, aber bei ihnen fand jeder Platz, der guten Willens war.

Und das war der schmachbeladene ALF tatsächlich. Zur Zeit half er Bruder Ed und Bruder Cat beim Verarbeiten von Trauben. Seit Stunden standen sie schon im Klosterkeller und rupften die Trauben von ihren Stengeln. Keiner sagte ein Wort. Hin und wieder stopfte sich ALF ein paar Weintrauben in den Mund. Sein Mampfen und Kauen war das einzige Geräusch im weiten Keller.

Dann allerdings drückte ihn ein kleines Problem. „Verzeih, Bruder. Wo kann man hier mal für kleine Mönche?" fragte er und trat von einem Bein auf das andere.

Die Antwort war Schweigen!

„Ich müßte mal mein Schicksal erleichtern", versuchte ALF mit anderen Worten auf sein Problem hinzuweisen.

Stumm zeigte ihm Bruder Cat den Weg.

Als ALF zurückkam, konnte er seinen Mund nicht mehr halten. „Seid ihr alle wegen eines schrecklichen Geheimnisses hier, so wie ich? Oder gehört ihr bloß zu den Burschen, die gern Kleider tragen?" versuchte er sich Klarheit zu verschaffen.

Bruder Ed schaute ALF vorwurfsvoll an und legte den Finger auf den Mund.

„Richtig, das hatte ich ja total vergessen. Wir sind ein Schweigeorden. Wir sprechen nicht. Kein Wort kommt mehr über meine Lippen. Kapiert."

Bruder Ed nickte, und ALF machte eine Geste, als ob er seinen Mund mit einem Schlüssel verschließen würde.

Nach fünf Minuten Schweigen und Traubenrupfen stöhnte ALF auf. „Zeit für ’nen Witz, einverstanden? Der wird euch glatt aus euren Kutten hauen. Also, was passierte, als im Kloster die Heizung ausfiel?“

Bevor er des Rätsels Lösung verriet, mußte ALF dröhnend lachen. Die Klostermauern warfen ein „Ha! Ha! Ha!“ als Echo zurück.

Doch die Mönche schwiegen weiter.

Da klopfte es draußen an der Klosterpforte. Bruder Ed erhob sich und ging, um nachzusehen.

„Habt ihr keinen buckligen Glöckner hier, der aufmacht?“ rief ALF hinterher.

Als Bruder Ed die Tür öffnete, sah er vor sich den gebeugten Rücken eines Mannes. Es war Willie Tanner, der sichtlich nervös war, hatte er doch keinerlei Erfahrungen mit Klosterbrüdern. „Oh, entschuldigen Sie bitte“, murmelte er devot. „Ich störe nur sehr ungern Ihren häuslichen Frieden. Aber ich suche nach einem Freund von mir.“

Bruder Ed schaute Willie fest und schweigend an. Vor lauter Aufregung begann Willie daraufhin wie ein Wasserfall zu reden: „Er ist ziemlich klein und behaart, also ziemlich behaart. Ist er vielleicht kürzlich bei Ihnen aufgetaucht, sagen wir mal, so nach dem Frühstück?“

Wortlos winkte Bruder Ed dem aufgeregten Mann, ihm zu folgen. Willie stolperte in den dunklen und kühlen Gang.

Schon von weitem hörte er ALFs Stimme:

„Jetzt weiß ich noch einen, der reißt euch vom Stuhl. Was haben eure Bräuche mit dem Schlüssel zur Klosterpforte gemeinsam? Beide haben einen Bart! Ha! Ha! Ha!“

Prüfend schaute ALF sich um. Bruder Cat arbeitete weiter an den Trauben, ohne eine Miene zu verziehen.

„Versteht ihr nicht? Ist doch klar: Schlüsselbart! Warum lacht ihr denn nicht? Geht das über euren Heiligenschein?“ ALFs Stimme klang nicht nur gereizt, wer ihn gut kannte, hörte sogar ein wenig Verzweiflung darin. Und Willie kannte ALF sehr gut.

„ALF!“

Der Außerirdische drehte sich abrupt um und sah Willie. Er konnte es gar nicht fassen, daß man ihn gefunden hatte. Allerdings freute er sich riesig, Willie zu sehen.

Auch Willie konnte es kaum fassen, ALF gesund und munter vor sich zu sehen. „Wie bist du denn ins Kloster gekommen?“ wollte er wissen.

„Mit dem Daumen-Expreß!“ sagte der weltgewandte Melmac stolz. „Wer rauscht schon an einem Mönch vorbei und bläst ihm die Abgase ins Gesicht?“

Erschrocken über soviel Ungezogenheit in der heiligen Umgebung, flüsterte Willie dem wiedergefundenen Freund zu: „ALF, deine Manieren!“

„Da hast du vollkommen recht, Willie. Wo sind sie? Am besten mache ich euch erst mal miteinander bekannt. Willie, das ist Ed, der Mönch. Ed, der Mönch, das ist Willie. Willie, Ed, Ed, Willie!“

Damit sich beide Herren ihren Namen merken konnten, zeigte ALF mit seiner Pfote immer von einem zum anderen. Dann entschuldigte er sich bei Willie, daß er den anderen Herrn, Bruder Cat, leider nicht so gut kennen würde. Seiner Meinung nach sähe der aber Cat Stevens ein bißchen ähnlich.

Willie hatte ganz andere Sorgen. „Und wenn sie jetzt dahinterkommen, daß du ein Außerirdischer bist?“ flüsterte er ALF ins Ohr.

ALF lachte: „Na und?! Wem sollen sie es denn erzählen?“

Willie war die Störung des Klosterfriedens ungeheuer peinlich. „Gibt es hier denn kein Plätzchen, wo wir mal ungestört miteinander sprechen können?“ fragte er.

Der Außerirdische in der Kutte des Büßers verstand Willie nicht. „Das ist jetzt hier mein Zuhause, Willie. Das sind meine Brüder. Sie sind für mich wie ... Schwestern sozusagen. Die dürfen alles von mir wissen. Wir haben keine Geheimnisse!“

Notgedrungen mußte Willie also in Anwesenheit von Ed und Cat die sehr persönliche Geschichte preisgeben, die er ALF anvertrauen wollte. Er setzte sich auf ein Weinfaß und begann stotternd zu erzählen:

„Ich habe auf der Fahrt hierher nachgedacht. Das, was ich dir jetzt erzähle, habe ich noch nie einer lebenden Seele erzählt. Diese Geschichte ist nicht unwichtig für unsere Beziehung."

Skrupellos unterbrach ALF Willies Vorgeplänkel. „Schnallt euch an, Brüder. Willie läßt die Turbinen warmlaufen."

Willie ließ sich dadurch nicht irritieren. Leise und langatmig berichtete er von seiner Kindheit und seiner Mutter, die für ihn die schönste Frau der Welt war. Damit sich auch jeder in den kleinen Jungen Willie hineindenken konnte, zog er ein vergilbtes Foto aus der Tasche und zeigte es ALF.

„Wer ist denn dieses schreckliche Kind? Das sieht ja aus wie Jung-Goofy." ALF schüttelte sich.

„Das bin ich als kleiner Junge!" sagte Willie trotzig.

ALF, der merkte, daß er in ein Fettnäpfchen getreten war, wollte seinen Fehltritt wiedergutmachen. Er nahm das Bild, schaute es sich an, schaute dann Willie wieder an und stellte fest: „Sei dankbar, Willie! Die Zeit ist freundlich mit dir umgegangen. Sehr, sehr freundlich! Bitte steck das Foto wieder weg!"

Willie ließ nicht locker. Er wollte unbedingt sein unbewältigtes Kindheitserlebnis loswerden. „Also eines Abends so gegen sechs bin ich am Schlafzimmer meiner Mutter vorbeigegangen. Ich sah sie am Frisiertisch sitzen und sah ..." Er stockte, fuhr dann aber tapfer fort: „... sah, wie sie an ihren Kopf faßte und ihre Haare abnahm. Ich war geschockt! Verstehst du, was ich meine? Es ging nicht um die Perücke, sondern nur darum, daß sie es mir nicht gesagt hatte ... Und jetzt zu uns."

„Das wird auch langsam Zeit, denn ich habe Hunger.

Es gibt hier jetzt die *Sechs-Uhr-Vesper*, und das muß irgendwas mit Essen zu tun haben."

„ALF, ich versuche dir gerade zu erklären, warum dir deine Eltern nicht gesagt haben, daß sie verheiratet waren, bevor du geboren wurdest." Willie gab seinen Remissionierungsversuch noch lange nicht auf. „Sie wollten einfach nicht, daß ihr Sohn denken könnte, sie wären in irgend etwas nicht vollkommen. So sind Eltern eben. Ich verhalte mich genauso gegenüber Brian und Lynn. Und eines Tages, wenn du mal selbst Kinder hast, wirst du dich sicherlich genauso ..."

ALF räusperte sich laut: „Ich werde keine Kinder haben. Denn Mönche verkneifen sich mehr als nur die Quasselei. Stimmt's, Eddie?"

Den Mönchen wurde das Gespräch der beiden langsam unangenehm. Taktvoll schwiegen sie auf ALFs Frage und zogen sich zurück.

Jetzt galt es nur noch, ALF davon zu überzeugen, daß er nicht zum Mönchsleben taugte. Willie tat sein Bestes. Er bat, flehte, beschwor ihn. Als Antwort hielt ihm ALF einen Zettel unter die Nase.

„Von wegen nicht geeignet. Die haben mir so eine Qualifikationsliste gezeigt. Hier, Willie, sieh mal: Faulheit ... Neid ... Gefräßigkeit ..."

Willie unterbrach ihn: „Das sind die sieben Todsünden!"

„Ich dachte, die sieben Todsünden wären die Jungs mit den Zipfelmützen bei ‚Schneewittchen'?" ALF war verwirrt.

„Das sind die sieben Zwerge", belehrte ihn Willie ungeduldig.

ALF setzte noch einen drauf: „Die Bezeichnung ‚kleinwüchsig' klingt aber höflicher."

Willie seufzte. Das Klosterleben hatte ALF noch nicht entscheidend verändern können. Er war noch der alte. Leider! Willie nahm einen letzten Anlauf. Jetzt oder nie!

„Komm mit nach Hause, ALF. Du fehlst uns."

ALF legte einen Finger an seine Nase und dachte nach. „Eigentlich sollte ich ja heute abend den Gong zum Essen schlagen. Aber wenn du schon den weiten Weg gemacht hast, um mich zu holen, und wenn ihr mich wirklich so gern wiederhaben wollt, dann verdient ihr mich! Aber gib mir noch eine Minute, um den Brüdern Arrevidierci zu sagen, okay?"

Ganz gerührt sagte Willie: „ALF, ich danke dir!" Und in diesem Moment meinte er es wirklich ernst.

„Jungs, ich verschwinde wieder!" rief ALF laut über den Gang. Täuschte er sich, oder hörte er als Echo einen Männerchor „Großer Gott, wir loben dich!" singen?

Egal, Hand in Hand mit Willie verließ der kleine außerirdische Mönch auf Zeit das Kloster der schweigenden Mönche.

Durch ALFs plötzliches Verschwinden war den Tanners erst richtig klargeworden, wie sehr er ihnen inzwischen ans Herz gewachsen war.

ALF hatte in den nächsten Tagen totale Schonzeit. Was immer er auch anstellte, die Tanners drückten ein Auge zu. Aber ALF unternahm auch kaum etwas, das man ihm hätte vorwerfen können. Abends saß er meist nachdenklich am Tisch und ordnete seinen Familiennachlaß. Er wollte tatsächlich einen Stammbaum anlegen.

Als die Tanners ins Bett gingen, hörten sie ihn mit seinen Bildern reden. „Wißt ihr, Mom und Dad, die Tanners würden euch gefallen. Die sind so nett zu mir, auch wenn ich mal was Dummes mache, wie Trauben in der Badewanne stampfen. Ich möchte euch noch etwas sagen. Ich bin nicht mehr sauer wegen eurer Hochzeit. Auch ich hab' ein Geheimnis, das ich euch jetzt kundtun will: Willies Mutter trägt eine Perücke. Ha!"

Paradies für Flitterwöchner

„As time goes by ...“ Willie summte leise mit.

Er hatte sich gemütlich auf dem Sofa zurückgelehnt. Im Fernsehen lief „Casablanca“. Da hörte er, wie die Tür aufgestoßen wurde. Willie blickte mißmutig hoch. ALF kam ins Zimmer mit einer riesigen Tüte Popcorn im Arm. Er stopfte sich gleich den ganzen Mund voll. Dabei landete jede Menge auf dem Teppich.

„Was siehst du da, Willie?“ nuschelte er undeutlich.

„Ich sehe, wie du dein Popcorn über den Fußboden verstreust“, knurrte Willie gereizt.

ALF schaute gelassen auf den Boden. „Tatsächlich. Paß nachher auf, wohin du trittst!“ Er ließ sich neben Willie aufs Sofa fallen. „Oh, Casablanca!“ stellte er mit Kennerblick auf den Bildschirm fest.

„Ja, ein großartiger Film. Ich habe ihn schon so oft gesehen, aber er gefällt mir immer wieder.“ Willie schwelgte in Erinnerungen und merkte gar nicht, daß sich ALF die Fernbedienung vom Tisch geangelt hatte und umschaltete. Ein markerschütternder Schrei riß Willie aus seinen romantischen Träumen. „ALF! Was soll das?!“ protestierte er.

„‚Casablanca‘ kennst du doch schon“, beruhigte ihn ALF sanft. „Und in diesem Programm kommt jetzt die Sendung mit Godzilla. Die mußt du unbedingt mit ansehen.“ ALF legte die Beine hoch und machte es sich bequem. „Rate mal, was heute dran ist! ‚Godzilla gegen das Ding‘, ‚Godzilla gegen King Kong‘ oder ‚Godzilla gegen das Smogmonster‘?“

Willie sträubte sich. „Ich mag nicht raten.“

ALF stopfte ununterbrochen Popcorn in sich hinein. „Ich geb’ dir ’nen Tip ...“, begann er großzügig, doch dann verschluckte er sich und hustete und keuchte, als wäre er kurz vorm Erstickungstod.

In der Hoffnung, doch noch seinen Film sehen zu können, tippte Willie schließlich: „Godzilla gegen das Smogmonster." Fürsorglich klopfte er ALF auf den Rücken.

„Falsch!" preßte ALF hervor. „Aber du darfst noch mal raten."

Willie startete einen anderen Versuch, ALF von Godzilla abzubringen. Er wollte „Casablanca" unbedingt zu Ende sehen. Kumpelhaft legte er ALF die Hand auf die Schulter. „ALF, ich glaube, du solltest dir diesen Film besser nicht ansehen. Von so was kriegst du doch immer Alpträume."

„*Früher* kriegte ich von so was Alpträume", stellte ALF im Brustton der Überzeugung richtig. „Aber das Horrorfestival war eine prima Therapie. Seither schlafe ich friedlich und fest."

Im selben Moment ließ der schlangenartige Fernseh-Godzilla einen Wahnsinnsschrei los. ALF brüllte aus Leibeskräften zurück, schmiß entsetzt die Popcorntüte quer durchs Wohnzimmer und raste in Panik davon.

Horror schien doch noch nicht so ganz sein Fall zu sein.

Vielleicht eher Romantik?

Schon bald sollten die Tanners die romantische Ader ihres außerirdischen Familienmitgliedes kennenlernen. Es fing damit an, daß Willie ins Theater gehen wollte. Das heißt, eigentlich wollte er mit Kate zusammen dorthin. Aber man konnte ja nie wissen, was für Pläne ALF ausbrütete, wenn sie beide weg waren. Womöglich räumte er das Haus aus und stellte es auf den Kopf oder lud sämtliche Katzen aus der Nachbarschaft zu einer Grillparty ein. Oder ... Sicherheitshalber würde Kate also zu Hause bleiben.

Willie warf sich in Schale, genauer gesagt in ein elegantes zartrosa Hemd und seinen guten dunkelgrauen Anzug, und band sich eine Krawatte um.

„Oh, du siehst aber schick aus", stellte Kate fest, als er ins Wohnzimmer kam, um sich zu verabschieden. Wohlgefällig schaute sie ihren Mann an.

Aber Willie konnte sich weder über das Kompliment noch auf den bevorstehenden Abend freuen. „Ich habe überhaupt keine Lust, allein ins Theater zu gehen", brummte er mürrisch.

„Aber wenn wir ALF das Haus hüten lassen, haben wir beim Nachhausekommen vielleicht kein Zuhause mehr." Kates Einwand war wohl nicht so ganz unberechtigt: Aus der Küche vernahmen sie das Splittern von Glas.

Willie beschloß: „Ich werde ihm sagen, daß er sich zusammenreißen und sich endlich ordentlich benehmen muß, weil wir sonst seinetwegen nur noch allein ausgehen können. Am besten rede ich jetzt gleich mit ihm."

„Lieber nicht", hielt ihn Kate zurück. „Er versucht dann bestimmt, sich zu benehmen, und wird ganz nervös, und dann macht er noch mehr kaputt." Wie zur Bestätigung hörten sie erneut lautes Scheppern aus der Küche.

„Wie viele Sachen gibt es hier denn noch, die er kaputtmachen kann?" fragte Willie verzweifelt. In dem Moment kam ALF mit einem Glas aus der Küche. „Sag mal, ALF", stellte er ihn zur Rede, „was hat denn da eben so geklirrt?"

„Weiß ich doch nicht!" antwortete dieser seelenruhig. „Schon meine Großmutter pflegte immer zu sagen: ‚Schau nie zurück! Du ersparst dir den Blick ins Chaos.'"

Kate hatte dieser Lebensweisheit zum Trotz inzwischen einen Blick von der Durchreiche aus in die Küche riskiert. „Das Chaos ist diesmal mein Römertopf, ein Whiskyglas und die Plätzchendose", zählte sie auf.

Für ALF war das Thema beendet. Es gab wichtigere. „Hey, Willie, wo willst du denn hin?"

„Ich seh' mir ein Musical an."

ALF war enttäuscht. „Musicals sind blöd. Da brechen die Leute aus heiterem Himmel in Gesang aus."

„Das gehört nun mal dazu, sonst wären es keine Musicals", bemerkte Willie trocken.

„Würde es dir nicht auf den Keks gehen, wenn ich urplötzlich anfangen wollte zu singen?" Und zur Demonstration stimmte ALF lauthals an: „Hey, Kate, du bist verdreht, hey, Tanner, du bist ein Penner, hey, Brian ..."

Willie unterbrach ihn: „Ja, das geht mir tatsächlich auf den Keks."

„Sag' ich doch. Wie heißt eigentlich der Schwachsinn, den du dir ansehen willst?"

„Cats!"

ALF war so verblüfft, daß es ihm die Sprache verschlagen hatte. Zumindest einen Augenblick lang. Dann bat er Willie voller Inbrunst: „Nimm mich mit. Bitte. – Und danach gehen wir hinter die Bühne und fressen die Darsteller!"

Willie stöhnte nur auf, doch Kate erklärte dem zugereisten Erdenbürger vom anderen Planeten, daß die Katzen in dem Musical verkleidete Schauspieler waren.

ALF spuckte verächtlich aus. „Pfui Deibel. Dann verzichte ich freiwillig. Aber warum gehst du denn nicht mit, Kate?"

Kate wand sich verlegen: „Weil, äh, du weißt doch, einmal, als wir dich allein gelassen haben, da hast du, äh, die Küche in die Luft gesprengt und ..."

ALF war betroffen. „O ja, ich werde jetzt noch nervös, wenn ich nur daran denke." Und er fing an zu zittern, daß der Löffel in seinem Glas laut klapperte. Gerade noch rechtzeitig konnte Kate das Glas retten.

Sie hatte Mitleid mit ALF bekommen und suchte eine neue Erklärung: „Äh, also in erster Linie gehe ich nicht mit, weil mir nicht so ganz gut ist. Ich habe ein bißchen Fieber, äh, oder Temperatur."

ALF beugte sich mit besorgtem Blick vor und bot Kate an: „Dann laß mich einfach meine frischen, kühlen Lippen auf deine Stirn drücken!"

Sie wich zurück und rief entsetzt: „Nein!"

„Sehr krank klingst du aber nicht", stellte ALF fest. Und mit einem prüfenden Blick auf Willie und Kate fragte er besorgt: „Stimmt da vielleicht irgendwas nicht zwischen euch beiden?"

„Wie kommst du denn darauf?“ wiesen sie diesen Verdacht wie aus einem Munde entrüstet zurück.

ALF ließ nicht locker: „Ihr werdet doch den guten alten ALF nicht belügen?“

„Warum sollten wir? Natürlich nicht!“

„Schließlich sage ich euch auch die Wahrheit.“ ALF erbrachte den Beweis auf der Stelle. „Übrigens, Willie, deine Socken rutschen.“ Willie schaute verunsichert an sich hinunter. „Und mit dieser Brille siehst du aus wie eine Eule.“ Willie beschloß, nicht weiter Notiz von ALF zu nehmen. Es war ohnehin höchste Zeit fürs Theater.

Als er dann endlich ging, kritisierte der Freund der Wahrheit, zu Kate gewandt, weiter: „Hab' ich eigentlich schon mal gesagt, daß ich Willies Gang reichlich komisch finde?“

Das Telefon klingelte, und Kate mußte an den Apparat. So konnte sie ALF nur einen bitterbösen Blick zuwerfen.

ALF zog sich wieder in seinen Lieblingsraum, die Küche, zurück und begann, mit Gläsern zu jonglieren. Er warf eines in die Luft und fing es mit viel Geschick und noch mehr Glück wieder auf. Brian steckte den Kopf zur Tür herein. Er durfte ALF assistieren. Neuer Versuch. Gerade noch bekam Brian das Glas zu fassen, das ALF mit Schwung hochgeschleudert hatte.

„Prima, jetzt probieren wir es mit dreien“, forderte ALF seinen Assistenten auf. Brian holte ein drittes Glas.

Da kam Kate herein. Wie immer im unpassendsten Moment. „Brian, los, ins Bett mit dir“, forderte sie ihn auf.

Brian protestierte. „Aber jetzt doch noch nicht. ALF bringt mir gerade bei, wie man mit Gläsern jongliert.“

Energisch versuchte Kate, ALF die Gläser aus den Pfoten zu nehmen, die dieser fest umklammert hielt. Kate war stärker. „Ab sofort gilt: Niemand jongliert mehr mit Gläsern!“ bestimmte sie unbarmherzig.

ALF maulte: „Großartig, großartig. Erst darf man nicht mit Tellern jonglieren, und jetzt gibt's auch ein Verbot für

Gläser. Was soll eigentlich noch alles kommen? Ist Lucky vielleicht auch tabu?“

Kate fuhr ihn empört an: „Man jongliert nicht mit Katzen.“

„Schade, dann wird wohl nichts aus unserem Zirkus der Straßenstreuner?“ sagte ALF mit Bedauern und trollte sich aus der Küche. Im Flur traf er Lynn, die von einem Rendezvous mit ihrem neuen Freund Eidechse zurückkam.

„Na? Hattest du einen schönen Abend mit der Blindschleiche, äh, Verzeihung, Eidechse?“ erkundigte sich ALF höflich. Dann nahm er Lynn vertraulich beiseite. „Also mal unter uns Erwachsenen, hast du Eidechse um seine Hand gebeten?“

„Nein. Warum sollte ich das?“ sagte Lynn leichthin.

„Möchtest du denn nicht Frau Lynn Eidechse werden? Und ein schönes Leben führen in einem Häuschen mit Garten und weißem Gartenzaun?“ ALF geriet richtig ins Schwärmen.

„Darüber habe ich noch nicht nachgedacht.“ Lynn nahm das Ganze auf die leichte Schulter.

„Das solltest du aber. Und zwar möglichst bald. Ich werde einen Notlandeplatz brauchen, wenn sich deine Eltern scheiden lassen.“

Überrascht schaute Lynn ALF an. „Meine Eltern werden sich nicht scheiden lassen! Wie kommst du denn darauf?“

„Ich bin Experte für den Zerfall von Nuklearfamilien!“ protzte ALF. „Okay, okay“, fuhr er dann fort, als er sah, wie Lynn die Augen verdrehte, „aber eines weiß ich genau: wann eine Romanze zu Ende geht.“

Lynn schien den Ernst der Lage einfach nicht zu begreifen. „ALF, die Romanze meiner Eltern geht nicht zu Ende!“

„Dann erklär mir bitte mal, warum sie schon seit einiger Zeit nichts mehr gemeinsam unternehmen.“ ALF war fest davon überzeugt, daß sie handeln mußten. „Sonst ist die Beziehung von Willie und Kate bald ganz im Eimer.“

Es galt zu retten, was noch zu retten war. Und er würde seinen Teil dazu beitragen. Er hatte auch schon einen Plan ...

Am nächsten Abend herrschte emsige Betriebsamkeit bei den Tanners. Unter ALFs Regie hatte Lynn den Tisch festlich gedeckt. Jetzt kam der wichtigste Teil der Vorbereitung: die Kontrolle. Mit kritischem Blick prüfte er das Geschirr. Da waren doch Fingerabdrücke! Er schleckte mit der Zunge über den Goldrandteller und polierte ihn mit seiner Cocktailschürze nach. Na bitte! ALF war zufrieden. An diesem Abend würde alles schimmern und glänzen.

Lynn drängelte: „Mami und Papi wollen wissen, ob sie jetzt kommen dürfen."

„Ja, sie sollen sich aber die Augen zuhalten!" forderte der Zeremonienmeister ALF.

„Muß das denn sein?" protestierte Willie, doch schon hielt er sich gehorsam die Hand vor die Augen und zog Kate hinter sich her ins Wohnzimmer. Dieser ALF spannte sie ganz schön auf die Folter. Erst hatten sie ihre festlichste Abendgarderobe rauskramen müssen und jetzt ... „Autsch!" Willie war über einen Stuhl gestolpert.

„Okay, Augen auf!" kommandierte ALF in diesem Moment.

Die Überraschung war gelungen. Kate und Willie waren erst mal sprachlos.

„Na kommt schon, ihr beiden, setzt euch schön hin, eßt und genießt", forderte ALF sie großzügig auf und erklärte dann: „Heute feiern wir den Kate- und Willie-Tag!"

Die Ehrengäste waren gerührt. „Danke, ALF!"

Meister ALF war richtig in Fahrt und versuchte, alle Register seines Könnens zu ziehen. „Eigentlich wollte ich euch ein Chateaubriand zubereiten, aber ich habe keine Ahnung, was das ist, und deshalb gibt es Hamburger."

Willie hatte gerade die Flasche auf dem Beistelltisch erspäht. „Und Champagner!" ergänzte er voller Vorfreude.

„Ja, er ist trocken und fruchtig", lobte ALF mit feierlicher Miene, „mit einem Hauch des Irrationalen. Ich habe auch einen Wurm mit hineingetan, das gibt ihm einen exotischen Touch."

ALF wollte einschenken. Doch seltsam: Kate und Willie lehnten ab. Schützend hielten sie die Hände über ihre Gläser. „Gut", beschloß ALF, „dann kriegt ihn eben Lucky. Der mag dieses importierte Zeug."

Kate kam die ganze Angelegenheit reichlich spanisch vor. Warum nur veranstaltete ALF diesen ganzen Zauber?

ALF setzte zu einer Erklärung an. „Ihr sollt mal ein nettes Essen bei Kerzenlicht zu Hause genießen können. Nur ihr beiden, Willie und Kate, Kate und Willie." Ohne Pause fuhr er fort, sein breites Wissen demonstrierend: „Ein glückliches Paar, ein Mann und eine Frau, ein Kreis mit Pfeil nach oben, ein Kreis mit einem kleinen Kreuz nach unten ..."

Bevor ALF auf weitere Einzelheiten eingehen konnte, schnitt Kate ihm gnadenlos das Wort ab: „Das reicht, ALF. Vielen Dank."

Für ALF war das ein Fingerzeig: Es war an der Zeit, das Paar eine Weile sich selbst zu überlassen.

„Wir sehen uns später wieder, okay? Ihr wißt doch, wie es heißt: Zwei sind ein Fest, drei sind eine Party, vier sind, äh, zwei Feste, fünf sind ein Fest und eine Orgie, sechs ..." ALF nahm die Finger zur Hilfe, „sechs können entweder drei Feste sein oder zwei Partys und, äh ..."

„Ich hätte meinen Hamburger gern halb durch!" fuhr Willie dazwischen.

„Halb durch? Was willst du mit 'nem halben Hamburger. Ich hab' sie extra groß gemacht." ALF verbeugte sich, die Pfote galant auf dem Rücken, und verschwand in der Küche.

„Was mag er nur mit uns vorhaben?" rätselten Kate und Willie. Auf jeden Fall beschlossen sie erst mal, den Abend zu genießen.

Da kam ALF auch schon wieder, um Gang eins und zwei zu servieren. „Vorsicht! Heiß und fettig! Suppe und Salat", rief er und stellte eine Terrine auf den Tisch.

Willie lüftete den Deckel. „Suppe und Salat! In einem Topf! Wie praktisch!" bemerkte er bissig.

„Ist es auch", bestätigte ALF. „Man muß weniger Teller abwaschen. Dieser wunderbare Abend soll durch nichts verdorben werden!" Nach einer tiefen Verbeugung vor seinen Gästen zog er sich taktvoll zurück. „Nun, meine beiden Turteltauben, genießt von Herzen das Hier und Heute." Ein letztes Winken mit der Serviette, und er war in der Küche verschwunden.

Kate ging ein Licht auf: „Ich glaube, ich weiß jetzt, warum er das alles hier arrangiert hat. Er denkt vielleicht, wir hätten Eheprobleme."

„Wie kommst du denn darauf?" fragte Willie überrascht.

„Ich weiß auch nicht, aber das Abendessen und die Art, wie er versucht, eine romantische ..." Sie unterbrach sich selbst und fuhr dann fort: „Vielleicht hat er uns gestern nacht streiten hören?"

Willie protestierte: „Das war doch kein Streit, höchstens eine Meinungsverschiedenheit. – Und schließlich ist Lynn wirklich noch nicht alt genug für so eine Skitour."

„Sie ist siebzehn. Da ist man wirklich nicht mehr zu jung!" widersprach Kate heftig.

Nicht schon wieder dieses Thema! Willie versuchte sein charmantestes Lächeln: „Wir haben diese Sache in der letzten Nacht ja bereits geklärt."

„Geklärt?" Kate dachte kurz nach. „Eigentlich haben wir gar nichts geklärt. Du bist nur eingeschlafen."

Willie wollte das keinesfalls auf sich sitzen lassen: „Aber bevor ich einschlief, da hast du mir zugestimmt. Ich erinnere mich noch genau."

Das war schon nicht mehr Zimmerlautstärke, was da zu ALF in die Küche drang. Zu seinem großen Kummer mußte er mit anhören, wie Kate empört ausrief: „Willie, ich bin schon auf solche Touren mitgegangen, als ich noch viel jünger war als Lynn."

Willie gab trocken zurück: „Damit wäre ich auch nicht einverstanden gewesen!"

Kate schnappte nach Luft. „Dann kann ich ja dankbar sein, daß ich mit auf unsere Hochzeitsreise durfte."

ALF ging nachsehen.

Die ungewohnte Lautstärke hatte auch Lynn ins Wohnzimmer getrieben. „Was ist denn hier los?" wollte sie von ALF wissen. Doch der große Ehetherapeut zuckte ratlos mit den Schultern.

Unterdessen war aus der Kerzenlichtparty ein handfester Krach geworden.

Zornig knüllte Kate ihre Serviette zusammen und warf sie auf den Tisch.

Willie stand abrupt auf. „Ich bin dafür, den Streit ohne Zuhörer weiterzuführen", sagte er mit Blick auf ALF und Lynn.

Streit! Das war Kates Stichwort. „Aha, also doch Streit. Und ich dachte, es wäre eine Meinungsverschiedenheit." Wütend rannte sie hinter Willie aus dem Zimmer.

Betrübt schaute ALF hoch zu Lynn: „Hab' ich dir nicht gesagt, daß die Ehe im Eimer ist?" Für ihn gab es heute abend nur einen Trost: das Romantikessen. In aller Ruhe machte er sich allein über sein so sorgfältig vorbereitetes Menü her.

ALF nahm sich vor: Auch nach dieser Schlappe würde er nicht klein beigeben. Er war bereit, alle Hebel in Bewegung zu setzen, um die angeschlagene Ehe der Tanners zu retten.

Lynn schien den Ernst der Lage noch immer nicht zu begreifen. Wie könnte sie sonst stundenlang mit ihrer Freundin Julie wegen irgendwelcher Freier und ähnlicher Lappalien telefonieren!

„Schnell, schnell! Leg auf. Leg auf." Wie wildgeworden

kam ALF zu Lynn gedüst. „Wähle eins, eins, null! Eins, eins, null!"

Erschrocken legte Lynn den Hörer weg. „Was ist passiert? Wo brennt's?"

„Wo steht geschrieben, daß man diese Nummer nur wählen darf, wenn's brennt?" belehrte sie ALF. „Es geht um Willie und Kate. Sie haben sich wieder die ganze Nacht lang gestritten."

Lynn war empört. „Hast du etwa wieder an der Tür gelauscht?"

„Nein, ich lausche nicht an der Tür. Ich lag unter ihrem Bett." Lynn schüttelte mißbilligend den Kopf, während ALF atemlos weiter berichtete: „Einer hat ganz deutlich gesagt: ‚Gib endlich Ruhe, dieses Mal hat ALF keine Schuld!'"

„Das war bestimmt Mami!" vermutete Lynn.

ALF gestand kleinlaut: „Um ehrlich zu sein, eigentlich war ich es. Und dann sind sie wortlos auseinandergegangen. Oh, jetzt bin ich ein Waisenkind. Ich will aber kein Waisenkind sein. Ich habe nämlich im Fernsehen ‚Annie' gesehen. Und da mußten sie Mehlsuppe essen und mit einem Mop tanzen."

Jetzt wurde es Lynn aber wirklich zu bunt. „Hör mir mal zu! Mami und Papi werden uns nicht sitzenlassen. Sie haben einen kleinen Streit. Das ist alles. Ich hoffe nur, daß Mami gewinnt. Dann kann ich mit auf die Skitour."

Lynn konnte offensichtlich die Tragweite des Ganzen nicht absehen.

„Es wird alles schiefgehen ohne unsere Hilfe", versuchte er deutlich zu machen. Er mußte Lynn als Stütze gewinnen. „Bitte, Lynn, es ist schließlich die einzige Familie, die ich habe."

Lynn schien wenig beeindruckt. „So ein Zufall. Es ist nämlich auch die einzige Familie, die ich habe."

„Laß uns mal überlegen, was wir tun können?" schlug ALF vor und dachte gleich weiter: „Ich hab's: Um ein Paar wieder zusammenzubringen, müssen wir den glücklichsten Augenblick ihrer bisherigen Ehe herbeizaubern."

„Und welches könnte dieser glücklichste Moment gewesen sein?"

„Der Tag, an dem sie mich kennenlernten?" vermutete ALF.

Davon war Lynn nicht überzeugt. „Überleg weiter!"

„Der Tag, nachdem sie mich kennengelernt hatten?"

„Weiter." Da fiel ihr ein: „Also, wovon sie immer wieder begeistert erzählen, das ist ihre Hochzeitsreise."

„Das ist ja super! Toll! Ja, das ist es! Wir zaubern ihnen ihre Flitterwochen zurück. Wo waren sie denn?" ALF brauchte Einzelheiten für seine Planung.

„An den Niagarafällen!"

Verächtlich stieß ALF aus: „Ach Gottchen, wie originell!"

Glücklicherweise waren Willie und Kate am nächsten Tag nicht im Haus. Kate hatte ihren monatlichen Termin bei der Kosmetikerin, Willie war im Büro. Es blieb also Zeit genug für ALF, Lynn und Brian, die zweiten Flitterwochen vorzubereiten.

Ohne sich eine Pause zu gönnen, wirbelten sie durch die Wohnung. ALF hatte alle Hände voll zu tun, Lynn und Brian zu dirigieren. Dann hatten sie es geschafft: Das Tannersche Wohnzimmer war kaum wiederzuerkennen, es sah aus wie die Eingangshalle eines Nobelhotels. Schilder wiesen den Weg zur Bar, zum Café, zu den Aufzügen.

Zimmermädchen Lynn mit rosa Kleid, weißer Schürze und Spitzenhäubchen, ließ ihren Blick prüfend durch die Halle schweifen und verglich sie im Detail mit einem Foto. „Wirklich", stellte sie dann zufrieden fest, „es sieht hier aus wie in dem Hotel, in dem Mami und Papi gewohnt haben." Noch einmal schaute sie sich das Foto an, das ALF aus dem Hochzeitsalbum genommen hatte. „Kompliment, ALF."

Schon hörten sie Willie an der Eingangstür. „ALF, was ist los, was ist passiert?“ Er stürmte ins Wohnzimmer.

Portier ALF in weinroter Livree ging hinter der „Rezeption“, die einst die Durchreiche war, in Deckung. „Bitte klingeln, Willie!“ rief ALF ihm zu.

„Was soll das denn nun schon wieder?“ Willie sah sich erstaunt im Wohnzimmer um. „Du hast doch am Telefon gesagt, es wäre ein Notfall?!“

„Eben, eben. Benutz die Klingel, Willie!“ schallte es wieder hinter der „Rezeption“ hervor.

„Was für eine Klingel?“

„O Entschuldigung!“ ALF schob eine Klingel auf die Durchreiche und forderte erneut: „Also, klingeln!“

Willie klingelte.

Da tauchte Portier ALF hinter der Rezeption auf: „Sie haben geläutet?“ fragte er, so höflich er konnte.

Im selben Moment stürzte Kate ins Haus. „Was haben wir für einen Notfall?“

ALF ließ sich nicht aus der Ruhe bringen: „Du mußt klingeln, Kate!“

Kate blickte Willie an und Willie Kate. Dann wanderte Kates Blick durch das Wohnzimmer. „Jetzt sag, um was für einen Notfall es geht!“ verlangte Kate, als sie ihre Sprache wiedergefunden hatte.

„Das wird sich sehr bald von selbst klären!“ versprach ALF beruhigend und klingelte nach dem Hotelboy.

„Darf ich Ihr Gepäck raufbringen?“ fragte Brian. Verblüfft schauten Kate und Willie ihren Sohn an, wie er vor ihnen stand mit roter Jacke, schwarzer Hose, weißem Hemd, Fliege und karierter Schirmkappe.

„Was für Gepäck?“ fragte Willie begriffsstutzig.

„Das da“, sagte Brian und schnappte sich einen Koffer und eine Umhängetasche, die bereits an der Rezeption standen.

„Was ist hier eigentlich los?“ wandte sich Willie diesmal an Brian. Aber auch bei ihm war er an der falschen Adresse.

„Fragen Sie nicht mich. Ich arbeite bloß hier", entgegnete Brian-Boy.

ALF läutete erneut, und Lynn erschien.

Mit ihrem gewinnendsten Lächeln begrüßte sie die Gäste: „Sie sind sicher Mr. und Mrs. Tanner." Und mit einer weiten Handbewegung deutete sie auf die ganze Pracht des Nobelhotels: „Willkommen an den Niagarafällen!"

„Niagarafälle? Wieso? Das verstehe ich nicht?" stammelte Willie.

Lynn hatte inzwischen den Eindruck, es wäre sinnvoller, die Eltern über den Sinn dieser Aktion aufzuklären. Denn offensichtlich waren sie überfordert. Mit leiser Stimme antwortete sie: „ALF hat sich was einfallen lassen, damit ihr nicht mehr sauer aufeinander seid."

„Wir sind gar nicht sauer aufeinander!" protestierte Kate.

„Zu spät!" schaltete sich ALF ein. „Jetzt wird das Ganze durchgezogen." Und er stellte sich Mr. und Mrs. Tanner vor: „Fritz von Fingerhoff. Im Namen meines Personals heiße ich Sie herzlich willkommen im Duke-of-the-Mist-Hotel."

„Duke of the Mist?" wiederholte Kate erstaunt, und Willie erinnerte sich: „Da haben wir doch unsere Flitterwochen verbracht." Er lachte. „Jetzt kapier' ich langsam, was hier vorgeht. Das sollen unsere Flitterwochen sein!"

ALF fiel ein Stein vom Herzen. Endlich hatten die Gäste verstanden, was los war. Um auch den letzten Zweifel zu beseitigen und sie in die richtige Stimmung zu versetzen, begann er mit der romantischen Schilderung einer großen Liebe: „Stellen Sie sich bitte vor: Es ist der 11. Juli 1967, der Sommer der Liebe. Draußen tosen die Niagarafälle. Willie Tanner und Kate Halligan haben soeben geheiratet. Kates Mutter Dorothy hat eimerweise Tränen vergossen, vor, während und nach der Zeremonie ..."

„Woher weißt du denn das alles?" unterbrach ihn Kate.

Lynn gestand: „Ich hab' ihm euer Hochzeitsalbum gezeigt."

ALF nickte. „Willie, in dem Frack sahst du ja erbärmlich aus. Versprich mir, daß du nie wieder einen anziehst! Und Kate ..."

„Vorsicht!" mahnte sie.

„Kate war eine reizende Braut."

Weiter ging's: „... und dann krachten Willies Onkel Ned beim Twisttanzen die Hosenträger."

Kate und Willie prusteten los bei der Erinnerung an diese Szene.

„Ich seh' noch immer das Gesicht von Tante Agnes vor mir, als Onkel Ned mit blankem Hintern auf der Tanzfläche stand." Kate kicherte.

„Und", Willie schlug ihr vor Vergnügen auf die Schulter, „weißt du noch ..."

ALF befürchtete, die Regie zu verlieren. „Stretch", befahl er streng, „bring die Herrschaften hinauf. Sie haben die Hochzeitssuite." Und auf Willies verwunderten Blick hin erklärte ALF sofort: „Den echten Stretch konnten wir nicht mehr kriegen. Tragisch! Der hat '72 versucht, in einem Faß die Niagarafälle runterzugehen. Wie gesagt, versucht!"

Da rief auch schon Brian, der Ersatz-Stretch: „Kommen Sie! Hier geht's lang."

ALF mußte Kate und Willie noch kurz auf ordnungsgemäßes Verhalten hinweisen. „Ich hoffe, Sie lassen keine Handtücher und Aschenbecher mitgehen", mahnte er.

„So etwas würde uns nie einfallen", empörte sich Willie.

ALF räusperte sich. Er wußte es besser. Er zog ein Handtuch hinter der Rezeption hervor mit dem Schriftzug „Duke of the Mist". „Das haben wir im Keller gefunden", erklärte er streng. Dann wandte er sich um und deutete mit großer Geste auf das Schlafzimmer. „Ich präsentiere Ihnen jetzt die Hochzeitssuite!"

Als er das Paar zur Tür hereingeleiten wollte, fiel Lynn noch etwas ein: „Die Braut muß doch über die Schwelle getragen werden."

„Okay", zeigte sich ALF bereit, „aber wenn ich mir einen Bruch hebe, dann kriegt ihr eine Klage an den Hals. Also komm, Kate."

„Nein, ALF!" wehrte sich Kate.

Brian kam zu Hilfe: „Los, Paps, schnapp sie dir!"

Die Überraschung in der Suite war komplett.

„Was ist mit unserem Schlafzimmer passiert?" Kate traute ihren Augen nicht, als sie die altmodischen Lämpchen sah, die löchrige Decke auf dem Bett und daneben einen abgenutzten Sessel.

„ALF hat es neu eingerichtet", erklärte Lynn. „Schick, was?"

„Sehr", meinte Willie trocken. „Deshalb hatten wir die Sachen ja auch in den Keller gestellt."

„Ich wollte euch damit in die richtige Stimmung bringen", verkündete ALF stolz. „Dieses Schlafzimmer ist das Ebenbild eurer Flitterwochensuite, oder?"

„Darf ich jetzt das Gepäck abstellen?" meldete sich Brian-Stretch schüchtern.

„Aber natürlich, mein junger Freund." Willie spielte mit und gab dem Boy sogar ein Trinkgeld.

Da ließ sich auch Kate auf ihre Rolle ein. Wohlgefällig schaute sie den Boy an und seufzte: „Irgendwann mal möchte ich so einen netten kleinen Jungen haben, so einen wie Stretch!"

Und Willie schaute das Zimmermädchen an: „Und so ein Mädchen wie Consuela!"

ALF beschloß, die beiden jetzt mit ihrem Glück allein zu lassen. Er hatte ja wohl sein Teil getan.

Nur Lynn mußte noch eine letzte Bemerkung loswerden: „Und wenn Sie sich wegen des Skiausflugs entschieden haben, sagen Sie bitte am Empfang Bescheid." Dann zogen auch sie und Brian sich zurück.

Etwas verlegen sahen sich Kate und Willie im Raum um. Dann aber tat die romantische Atmosphäre des Raumes ihre Wirkung.

„Willie, du warst umwerfend damals, egal was ALF von deinem Frack sagt“, schwärmte Kate.

„Weißt du, Kate, was mir am stärksten in Erinnerung geblieben ist? Wie sehr ich dich geliebt habe! Und ich liebe dich immer noch. Unser alberner Streit tut mir leid.“

„Ich liebe dich auch, Willie. Aber es war kein Streit. Es war eine Meinungsverschiedenheit.“

Beide mußten lachen. Willie nahm Kate in den Arm und wollte sie küssen. Doch plötzlich hielt er inne. „Weißt du noch, was passiert ist, als wir uns im Hotelzimmer zum erstenmal küssen wollten?“ fragte er aufgeregt.

„Ja, das Wasserrohr ist gebrochen!“

In dem Moment schoß ein Wasserstrahl ins Zimmer. Kate sprang auf. Am Fenster stand ALF mit einem Gartenschlauch. „Dreh weiter auf, Brian!“ rief er.

Wenig später saßen Kate und Willie in ihren Bademänteln mit nassen Haaren in der Küche und wärmten sich bei einer Kanne Tee auf. Willie mußte niesen.

Da streckte ALF den Kopf zur Durchreiche herein. „Gesundheit“, rief er Willie zu. Dann erkundigte er sich vorsichtig: „Seid ihr sauer auf mich?“

„Wie kommst du denn darauf?“ Kate versuchte freundlich zu klingen. „Nur weil du uns mit deinem Schlauch durchgeweicht, die Matratzen ruiniert und unsere Tapete kaputtgemacht hast? Und weil der Teppich Wellen schlägt?“

„Vergiß den Kurzschluß nicht!“ ergänzte ALF.

„Nein, ALF, wir sind nicht sauer!“ schloß Kate.

„Was muß ich denn noch alles machen?“ grübelte ALF, fast ein bißchen enttäuscht.

„Wir sind trotz dieser ganzen Katastrophen nicht sauer, weil du versucht hast, etwas Wundervolles für uns zu tun. Und du hast es auch geschafft. Du hast wieder etwas Romantik in unser Leben gebracht“, schwärmte Kate.

„Also brauche ich nichts weiter zu unternehmen?“ fragte ALF sicherheitshalber nach.

„Nein, lieber nicht", bat Kate. Sie erinnerte sich nämlich noch gut an den weiteren Verlauf des ersten Flitterabends. „Schließlich fanden wir einen Skorpion in der Badewanne und flohen dann in ein entzückendes kleines Restaurant..."

„Dort servierten sie uns das Essen, und der ganze Tisch brach zusammen", fügte Willie hinzu. „Nein danke, ALF. Das reicht."

Auch gut, dachte ALF zufrieden. Er hatte ja erreicht, was er erreichen wollte: Die Ehe der Tanners war gekittet. Die beiden waren wieder ein Herz und eine Seele. Unzertrennlich.

Am nächsten Abend traute ALF seinen Augen nicht.

Willie lag schniefend und niesend auf dem Sofa, über sich einen Berg warmer Decken, und versuchte seine Erkältung auszuschwitzen – und in dieser Stunde der Not wollte ihn seine Ehefrau allein lassen? Da stimmte doch schon wieder was nicht?

„Grüß deine Mutter von mir", hörte er Willie hinter Kate herrufen.

„Wieso geht sie denn ohne dich weg? Traut ihr euch wieder nicht, mich allein zu lassen?" fragte er Willie.

„Nein, ALF, das nicht. Ich hab' eine Erkältung, weil jemand mein Schlafzimmer unter Wasser gesetzt hat."

„Jetzt hör schon auf mit dem Blödsinn. Komm, erheb dich, besuch deine Schwiegermutter!"

„Nein, ich bin krank!"

ALF schaute sich den Kranken genauer an. „Du siehst wirklich ein bißchen blaß aus. Leg dich lieber wieder hin. Ich wickle dich dann richtig ein."

Brav legte sich Willie aufs Sofa zurück. „Danke, ALF, du bist ein echter Freund!"

„Ja, für dich tu' ich alles. Jetzt schwitz mal schön. Dann drücke ich nachher zur Kühlung meine Lippen auf deine Stirn."

Der Schönheitswettbewerb

Fernsehen macht das Leben erst richtig lebenswert, fand ALF. Und dann gab es noch eine Krönung dieses irdischen Lebens: Fernsehen mit einem Berg Erdnüsse vor sich! Für einen Melmac war das wie Weihnachten. Und wenn dann noch das Programm stimmte...

ALF saß vorm Fernseher, die Beine auf dem Couchtisch, und stopfte pfotenweise Erdnüsse in sich hinein. Er wandte keinen Blick vom Bildschirm, wo der Moderator gerade die nächste Bewerberin ankündigte: „Miß Tansania!" Das Publikum applaudierte frenetisch, als bekäme es ein Kalb mit zwei Köpfen zu sehen. Auch ALF war hingerissen.

Der Moderator begann sofort sein Interview. „Miß Tansania, manche Leute sagen, Sie hätten ein hübsches Gesicht, einen schönen Körper, aber Stroh im Kopf. Was sagen Sie dazu?"

„Oh, vielen Dank!" antwortete die Gefragte und schickte ein dümmliches Kichern hinterher. Die Antwort begeisterte das Publikum von neuem – und ALF.

„Hahaha!" lachte er lauthals, bevor er sich den Mund wieder voll Erdnüsse stopfte. Er schlug sich vor Begeisterung auf seine haarigen Schenkel.

„Scheint ja 'n tolles Programm zu sein, so wie du dich amüsierst!" Willie hatte neugierig den Kopf zur Tür hereingestreckt und schaute auf den Bildschirm.

ALF hatte keinen Nerv für diese Ironie. „Ich glaube, es ist eine Sitzung der Vereinten Nationen!"

„Wie kommst du denn darauf? Das ist doch eine Schönheitskonkurrenz!" behauptete Willie überrascht.

ALF konnte nicht glauben, daß Willie da den richtigen Durchblick hatte. „Bist du sicher? Vor zwei Minuten haben sie noch die Botschafterin von Spanien gefragt, was sie für den Weltfrieden tun würde!"

„Das sind doch keine Botschafterinnen, sondern Bewerberinnen", erklärte Willie geduldig. „Die interessieren sich doch nur für eines, für den Miß-Sowieso-Titel!"

„Ah, deshalb hat die Botschafterin von Schweden vorhin Kartenkunststücke gezeigt!" ALF schien ein Licht aufzugehen. Aber natürlich wollte er sich keine Blöße geben und lenkte schnell ab. „Auf Melmac liefen die Punktrichter im Badeanzug über den Laufsteg, und die Bewerberinnen saßen im Publikum."

Damit verblüffte er Willie noch mehr. Er hatte sich inzwischen zu ALF aufs Sofa gesetzt und fragte jetzt erstaunt nach: „Wieso hatten denn die Juroren Badeanzüge an? Das ergibt doch gar keinen Sinn!"

„Weil sie einfach die besseren Figuren hatten!" gab ALF trocken zur Antwort.

Nun mußte auch Kate lachen. Sie saß vor dem Fenster und nähte.

„He, Kate, dich würde ich gern mal bei so einem Schönheitswettbewerb sehen!" ALF lächelte ihr bei diesem schmeichelhaften Kompliment charmant zu, den Mund voller Erdnüsse.

„Ich warte lieber, bis du mal Punktrichter bist!" gab Kate schlagfertig zurück.

Da hörten sie die Haustür ins Schloß fallen. Lynn war nach Hause gekommen – zum Erstaunen ihrer Eltern, die die Tochter nicht so früh vom Diskobesuch zurückerwartet hatten. Lynns Gesicht verhieß nichts Gutes.

„Hallo, Schatz, du bist aber früh zurück. Wo ist Rick?" erkundigte sich Kate in mütterlicher Fürsorge.

Aber bevor Lynn antworten konnte, mischte sich ALF schon wieder ein. Mit der Feinfühligkeit eines Trampeltiers rief er Lynn vom Sofa aus zu. „Ja, wo ist dieser Knilch mit dem Ohrring?"

„Der ist noch in der Disko", murmelte Lynn mürrisch und zugleich verlegen.

Kate ließ die Näharbeit sinken. Sie stand auf und ging zu Lynn. „Stimmt irgendwas nicht?"

Da konnte Lynn nicht mehr länger an sich halten. Sie brach in heftiges Schluchzen aus. „Alles in Ordnung", preßte sie mühsam hervor. Jetzt war auch Willie beunruhigt. „Lynn, mein Liebes, was ist denn los? Uns kannst du es doch sagen?"

Und mit genervtem Blick und ebensolchem Tonfall fuhr er den fernsehsüchtigen ALF an: „Jetzt dreh endlich die Kiste ab!"

Dafür hatte der nun aber wirklich kein Verständnis. Das Fernsehen abstellen wegen Liebeskummer! So was vergeht doch wieder, dachte er. Und laut protestierte ALF: „Jetzt ausschalten? Gleich kommt doch das Ballett der Verliererinnen!"

Kate sah ihn vorwurfsvoll an: „Siehst du denn nicht, daß Lynnie ganz verstört ist?" ALF hatte seinen großzügigen Tag. Er machte den Fernseher aus, wenn auch mißmutig, lehnte sich wieder bequem zurück und wandte seinen Blick dem häuslichen Drama zu. Das versprach ja auch interessant zu werden.

Unter Schluchzen berichtete Lynn von dem mißlungenen Abend: „Rick – Rick – und – und ich waren in der Disko. Alles war prima – bis Cindy Bennet auftauchte. Da hat Rick mich gefragt, ob er auch mal mit ihr tanzen dürfte. ‚Bitte', hab' ich gesagt, ‚wenn du willst!' Und dann hat er den ganzen Abend mit diesem Miststück getanzt. Der hat nicht mal gemerkt, daß ich gegangen bin."

Kate versuchte, Lynn zu trösten. „Ach, Schatz, das tut mir wirklich leid. Aber mach dir nicht zuviel daraus. Der hat dich sowieso nicht verdient."

ALF hörte aufmerksam zu. Er bekam zunehmend Spaß an der Geschichte. Recht so! Wenn schon nicht Fernsehen, dann sollte wenigstens bei Tanners was los sein.

„Cindy Bennet! Ist das das blonde Mädchen auf dem Foto vom Abschlußball?" fragte er interessiert.

„Ja", hauchte Lynn kraftlos. Sie hatte aufgehört zu weinen.

ALF entfuhr ein begeistertes „Wow!"

Willie fuchtelte verzweifelt hinter Lynns Rücken mit den Armen, um ALF zum Schweigen zu bringen. Zum Glück kapierte er ausnahmsweise. Er wollte seinen Ausrutscher auch gleich wieder gutmachen.

„Ich meine, äh, Cindy ist nicht halb so hübsch wie du. Und Rick, dieser Knilch mit dem Knopf im Ohr, schielt doch, wenn er das nicht sieht!" ALF holte tief und sehr mit sich zufrieden Luft. Den Kerl konnte er ohnehin nicht leiden. Deshalb war diese Wendung des Schicksals wohl keineswegs tragisch.

Lynn dagegen zerfloß vor Selbstmitleid. „Irgendwie nehm' ich es ihm nicht mal übel. Cindy ist schließlich toll, jeder Junge würde gern mit ihr ausgehen. Auf jeden Fall sieht sie viel besser aus als ich."

Alle protestierten heftig. Dann glaubte Kate, die rettende Idee zu haben. „Du, Lynn, ich will dir mal eine kleine Geschichte erzählen, damit du wieder fröhlicher wirst. Als ich noch zur Schule ging, da gab es einen Ball, und ein wirklich toll aussehender Junge kam zu mir. Wir waren den ganzen Abend zusammen. Es war wundervoll, bis ich dahinterkam, daß er seine Freundin meinetwegen sitzengelassen hatte und ..." Kate hatte sich inzwischen so in ihre Geschichte verrannt, daß sie nicht mehr genau wußte, worauf sie eigentlich rauswollte. Etwas hilflos sah sie Lynn an.

Die bemerkte spöttisch: „Danke, Mami, ich bin jetzt wieder ganz fröhlich." Sie befreite sich aus ihren Armen.

„Entschuldige, Lynn." Kate war verlegen und murmelte vor sich hin: „Die Geschichte war wohl doch nicht so gut!"

Da war ALF aber ganz anderer Meinung. Ihn interessierte jede Art von Liebesgeschichte. „Und was ist dann aus dem verlassenen Mädchen geworden?" fragte er gespannt und voller Mitgefühl.

„Das ist nicht so wichtig!" wich Kate aus.

„Na ja, für dich vielleicht nicht", protestierte ALF, „du hattest dir ja den Kerl geangelt, aber die andere ..."

„Jetzt gib endlich Ruhe!“ fuhr Willie dazwischen, um die peinliche Geschichte zu beenden. Er wandte sich wieder an Lynn. „Ich glaube, ich habe verstanden, was deine Mutter dir sagen will. Sie meint, du bist einfach zu gut für Rick!“

Aber ALF gab keine Ruhe. „Das kapiere, wer will. Euer Gequatsche macht doch keinen Sinn. Das hört sich ja an, als sollte Lynn für etwas bestraft werden, was Kate getan hat.“

Lynn hatte sich inzwischen zu ALF auf die Sofalehne gesetzt und knabberte gedankenverloren Erdnüsse.

„Wolltest du nicht die Mißwahl im Fernsehen anschauen?“ Willie versuchte ALF auf ein anderes Thema zu bringen.

„Nein, es ist jetzt wichtiger, daß ich Lynn helfe!“ erklärte der Seelentröster mit seelenvollem Augenaufschlag.

Kate war verärgert. „Das geht dich überhaupt nichts an. Guck gefälligst in deine Glotze!“ befahl sie barsch.

„Gut“, meinte ALF gekränkt und schaltete den Fernseher schnell wieder ein. Dann wandte er sich fürsorglich an Lynn. „Wenn du mich brauchst, ich bin immer für dich da!“

Dankbar schaute Lynn ihren haarigen Freund an und strich ihm zärtlich über das Fell. Dann kehrte sie sich wieder ihrer Mutter zu. „Mami, findest du mich hübsch?“

Kate hatte sich neben das Sofa gestellt und nahm jetzt Lynns Kopf in beide Hände. Ohne Zögern antwortete sie: „Natürlich! Du bist ein wunderschönes junges Mädchen!“

Lynn war noch immer nicht überzeugt. „Klar, das mußt du ja sagen, du bist ja schließlich meine Mutter!“

Sie bohrte weiter: „Papi, wenn du in meinem Alter wärst, würdest du mit mir ausgehen?“

„Also, äh, wenn ich in deinem Alter wär' und du nicht meine Tochter wärst und ich nicht verheiratet wäre und wenn ich ein Auto ...“

Das reichte Lynn. „Seht ihr, nicht mal mein Vater würde mit mir ausgehen!“

„Aber natürlich würde ich das, Lynn! Du bist ein wunderbares Mädchen! Du bist eine richtige Persönlichkeit." Willie wollte seinen Schnitzer ausbügeln. Vergeblich.

„Danke, Vater. Ich hab' verstanden", erklärte Lynn mit Leichenmiene. Dann stürzte sie aus dem Wohnzimmer. Kate ihr nach.

„Wahrscheinlich bin ich jetzt wieder an allem schuld!" vermutete ALF, während er unverwandt auf den Ferseher starrte.

„Nein, natürlich nicht. Diesmal war es nicht deine Schuld!" gab Willie zu.

„Ist mir auch klar! Ich wollte es aber von dir hören!"

„Schau deine Mißwahl an, und gib jetzt endlich Frieden!" Auch Willie verließ das Zimmer, um nach seiner liebeskranken Tochter zu schauen.

„Hey, guck mal her, da kommt Michael Jackson! Ach nein, es ist Miß Bulgarien!" brüllte er dem Haushaltsvorstand nach.

Wer allerdings glaubte, daß ALF dem häuslichen Elend tatenlos zusehen würde, irrte gewaltig. Getreu dem Motto „Tue Gutes, und red nicht drüber!" traf er am nächsten Tag heimlich Vorbereitungen, mit denen er Lynns angeknackstes Selbstbewußtsein reparieren wollte. Dann hieß es nur noch: abwarten.

Beim Kartenspiel mit Brian vertrieb er sich die Zeit. Es war eine besondere Art von Kartenspiel.

„Wir tauschen Bouillabaseball-Karten!" erklärte Brian seiner Mutter.

„Was ist Bouillabaseball?" wollte Kate verblüfft wissen.

„Das ist Baseball auf Melmac. Statt mit einem Ball wirft man mit Fischdärmen." Brian versuchte zu wiederholen, was ALF ihm über dieses außerirdische Spiel erzählt hatte.

„Nein, geworfen wird mit Fischstückchen. Die Därme werden zu Kaugummi verarbeitet!" korrigierte ALF ihn mit schulmeisterlichem Blick.

„Das finde ich ja toll", rief Brian begeistert. „Habt ihr auch Kaugummi, mit dem man riesige Blasen machen kann?"

„Klar, zwei Geschmacksrichtungen, Siam und Perser!" protzte ALF, sichtlich stolz.

In dem Moment klingelte das Telefon. Kate nahm ab und runzelte die Stirn. „Hallo? Bitte? Wer? Der Miß-Southland-Schönheitswettbewerb? Oh, tut mir leid, da haben Sie sich wohl verwählt!"

Bevor Kate einhängen konnte, kam ALF ganz aufgeregt angesaust. „Nein, nicht auflegen. Das ist für mich!"

Kate reichte ihm verblüfft den Hörer.

„Sie müssen Tante Sophie entschuldigen, die blickt nicht mehr ganz richtig durch", erklärte ALF Kates Verhalten am Telefon.

Kate und Brian schauten sich überrascht an.

„Was hat ALF nur vor?" rätselte Brian.

„Ich glaube, er hat sich zur Mißwahl angemeldet!" vermutete Kate.

ALF krähte dazwischen. „Ruhe, ich versteh' nichts!" Dann sprach er wieder höflichst ins Telefon. „Ja. Aha. Ja. Oh. Toll. Ja. Null Problemo. Danke, ciao. Ciao."

„Willst du etwa Schönheitskönigin werden?" fragte Brian, der vor Neugier fast platzte. Er traute ALF alles zu.

„Nein, bedauerlicherweise dürfen professionelle Modelle nicht mitmachen. Ich habe Lynn angemeldet!"

Kate schnappte hörbar nach Luft. „Das ist doch nicht dein Ernst!"

In diesem Augenblick kam Lynn höchstpersönlich in die Küche. Sie wollte gerade den Müllbeutel nach draußen tragen.

„So willst du doch nicht etwa vor die Tür?" raunzte ALF sie an.

„Muß ich mich umziehen, um den Müll rauszutragen?" konterte Lynn und sah an ihrem grauen Trainingsanzug runter.

„Brian, bitte, mach du das für sie. Unsere kleine Schönheit sollte nicht mit einer Mülltüte gesehen werden", bat ALF bitterernst.

Das sah Brian aber überhaupt nicht ein. „Gestern war sie noch häßlich genug, um zur Mülltonne zu gehen!"

ALF gab nicht nach. „Du kriegst dafür einen Dollar!" lockte er.

„Okay!" meinte Brian und zuckte verständnislos mit den Schultern. Immerhin war das leicht verdientes Geld.

ALF schien die Fäden jetzt fest in der Hand zu haben. „Du schuldest dem Jungen einen Dollar!" teilte er Kate in unnachgiebigem Ton mit, und zu Lynn gewandt: „Du mußt dich sofort umziehen. Die Dame vom Schönheitswettbewerb kann jeden Moment hiersein."

„Du sprichst in Rätseln!" Lynn kapierte überhaupt nichts.

„Dann verrate ich dir die Lösung. Ich habe dich zum Miß-Southland-Schönheitswettbewerb angemeldet", verkündete ALF voller Stolz.

Lynn war entsetzt. „Was? ALF, warum machst du so etwas?"

ALF war es leid, selbst die einfachsten Dinge erklären zu müssen. „Kannst du es dir nicht denken? Sag du es ihr, Kate!"

„Weil er ein Idiot ist!"

Kates Antwort war überdeutlich, aber nicht unbedingt in ALFs Sinn. Er ließ sich dennoch nicht in seinen Plänen erschüttern.

„Ich danke dir für dein Zartgefühl", erwiderte er ihr kühl und versuchte dann, Lynn für seine Idee zu erwärmen. „Ich dachte, wenn du diesen Schönheitswettbewerb gewinnst, stärkt das bestimmt dein Selbstvertrauen."

„Und warum hast du mich vorher nicht gefragt?" wollte Lynn wissen.

„Weil ich dachte, du sagst vielleicht nein", gab ALF offen zu.

„Richtig gedacht!“ schnaufte Lynn. „Du glaubst doch wohl nicht allen Ernstes, daß ich an dem Schönheitswettbewerb teilnehme?!“

„Aber du gewinnst!“ ALF klang überzeugt.

Kate mischte sich ein. „ALF, ich wünsche, daß du diese Leute sofort anrufst und ihnen sagst, daß Lynn ihre Bewerbung zurückzieht!“

ALF schüttelte den Kopf. Typisch Kate! Das war ja wohl die unpassendste Bemerkung in diesem Moment.

Und tatsächlich: „Nicht mal meine eigene Mutter glaubt, daß ich eine Chance hätte!“

Lynn war tödlich beleidigt.

„Schätzchen, so habe ich das wirklich nicht gemeint“, entschuldigte sich Kate.

Lynn stellte resigniert fest: „Also, ich bin wirklich nicht für eine Schönheitskonkurrenz gemacht!“

ALF brauste auf. „Wer sagt denn das? Du hättest mal hören sollen, wie sie sich zu deinem Bild geäußert haben!“ Er würde weiter versuchen, sein Vorhaben durchzusetzen.

„Was für ein Bild?“

„Das von der Party an deinem sechzehnten Wiegenfest!“

„O Alf. Ausgerechnet *das* Bild. Auf dem Foto sehe ich schrecklich aus. Da trage ich doch noch meine Zahnspangen.“ Lynn war empört über diesen Mißgriff.

Aber ALF, der perfekte Organisator von Lynns Glück, hatte auch daran gedacht. „Keine Sorge, die Spangen habe ich wegretuschiert.“

„O prima! Gut gemacht!“ Lynn bekam langsam Spaß an ALFs Plan.

Sie durften keine Zeit mehr verlieren. ALF drängte. „Also, bevor die Dame von der Mißwahl hier eintrifft, sollten wir deine Bewerbung noch mal durchgehen.“

„Welche Bewerbung?“ fragte Lynn mißtrauisch.

„Sie liegt auf dem Schreibtisch!“

Lynn war mit ein paar Schritten im Nebenzimmer und nahm die Bewerbung vom Schreibtisch. Langsam kam sie wieder in die Küche zurück, während sie das Blatt stirnrunzelnd durchlas.

„ALF, was soll das? Hier steht, ich hätte Talent zum Holzschuhtanzen!"

„Irgendeine Begabung mußte ich angeben. Und Gesang konnte ich ja wohl nicht gut schreiben bei dir."

„Aber nie im Leben schaffe ich's, einen Holzschuhtanz vorzuführen!" Lynn schaute entgeistert.

ALF redete beschwichtigend auf sie ein. „Was soll denn daran schwer sein? Du nimmst ein paar Holzschuhe, hältst sie dekorativ in der Hand und tanzt einen Walzer. Also!"

Wieder mischte sich Kate ein. „Was redest du da? Zum Walzertanzen nimmt man keine Holzschuhe!"

„Das ist doch schnurzepiepewurstegal. Wir machen eben was ganz anderes und nennen unseren Tanz ‚Irrer Alfi'", schlug ALF vor, von sich und seiner Planung felsenfest überzeugt.

Lynn hatte genug. „Die Bewerbung hier werde ich weder abschicken noch dieser Dame zeigen."

„Zu spät! Die haben schon das Original. Das ist nur eine Kopie!" verkündete er genüßlich.

„Vergiß den Blödsinn. Ich mache da jedenfalls nicht mit!" entschied Lynn und stürmte aus der Küche.

Jetzt mußte ALF alle Register ziehen, um das Projekt nicht zu gefährden. „Okay, okay, dann verzichte halt auf den Wagen!" brüllte er laut hinter Lynn her.

Lynn drehte sich um und kam zögernd zurück. Das hatte sie nun doch neugierig gemacht. Schließlich war ein eigenes Auto ihr sehnlichster Wunsch.

„Wagen? Was für ein Wagen?" wollte sie wissen.

„Also, ich gebe dir einen Tip: Es kommt ein p darin vor! Aber mehr verrate ich dir jetzt noch nicht."

ALFs Taktik zeigte sofort Wirkung. Lynn beschloß, sich umzuziehen. Schließlich konnte es ja nicht schaden, mal mit der Frau vom Schönheitswettbewerb zu sprechen. Sie lief in ihr Zimmer.

Jetzt erkundigte sich auch Kate bei ALF nach dem Wagen.

„Es ist ein gebrauchter!" enthüllte er ihr mit geheimnisvollem Blick. „Der schreibt sich doch in der Mitte mit p, oder?"

Für den Besuch von Miß Bartley vom Miß-Southland-Schönheitswettbewerb hatte sich Lynn richtig in Schale geworfen und geschminkt. Auch ihre Eltern hatten im letzten Moment beschlossen, gute Miene zum bösen Spiel zu machen und sich für das wichtige Ereignis umzuziehen. Schließlich ging's um das Wohlergehen ihrer einzigen Tochter. Willie kam mit Anzug und Krawatte, Kate mit einem Kostüm. Nur ALF sah aus wie immer. Welchen Sinn hätte es auch gehabt, wenn er sich ein neckisches Schleifchen ins Kopfhaar gebunden hätte? Er mußte ohnehin mal wieder von der Küche aus das Geschehen verfolgen. Das war bitter für ihn, aber wohl unvermeidlich. Miß Bartley sollte ja keinen Schock bekommen.

Und dann war Miß Bartley da. Sie sah selbst aus wie aus einem Modellkatalog entsprungen: püppchenhafte Figur, langes gewelltes Haar, stark geschminktes Gesicht, elegantes lindgrünes Kleid. Ohne lange Vorrede kam sie zur Sache und spulte ihr Programm ab.

„Unser Schönheitswettbewerb ist auch so eine Art Lebenshilfe. Er stärkt das Selbstbewußtsein und eröffnet Ihnen beruflich die allerschönsten Möglichkeiten." Ohne Luft zu holen, fuhr sie fort: „Wirklich, schon so manches unserer Mädchen zieht sich heute nur noch für gutes Geld aus!"

Das war dann doch zuviel für Willie. Entrüstet wollte er Einwände erheben, aber schon quasselte Miß Bartley wieder weiter: „Nein, nein, nicht so, wie Sie vielleicht denken. In allen Ehren! Zum Beispiel als Fotomodell!"

Jetzt bekam Lynn ganz große Augen. Doch auch sie hatte keine Chance, eine Frage zu stellen. Weiter ging's im

Text: „Aber ich kann natürlich nicht versprechen, daß Sie ein Fotomodell werden!"

„Na ja, das beunruhigt mich im Moment nicht weiter", fuhr Lynn schnell dazwischen. Sie tat gelassen. „Aber glauben Sie wirklich, daß ich eine Chance habe, den Wettbewerb zu gewinnen?"

„Aber natürlich", flötete Miß Bartley. „Sie sind ein ganz besonders hübsches junges Mädchen. Und Sie haben so ein liebenswürdiges, blendendes Lächeln." Sie schaute sich das Foto von Lynns sechzehntem Geburtstag noch einmal genau an und ergänzte dann: „Auf dem Foto sieht es allerdings noch blendender aus!"

Lynn schaute verlegen auf ihre frisch angemalten Fingernägel hinunter.

Willie versuchte zu helfen: „Ja, damals war unsere Lynnie ganz besonders eitel und hat sich ihre Zähne mit Tipp-Ex geputzt."

Miß Bartley schwieg einen Moment lang verblüfft, dann kam sie auf Lynns angebliches Hobby, das Holzschuhtanzen, zu sprechen. „Brauchen Sie dazu eine besondere Ausrüstung?" wollte sie wissen.

Lynn war auf diese Frage nicht gefaßt. Krampfhaft überlegte sie, was ALF übers Holzschuhtanzen gesagt hatte. „Nein, legen Sie einfach einen Walzer auf, und ich nehm' dann die Füße in die Hand", erklärte sie der völlig verdutzten Miß Bartley.

„Wie bitte?" erkundigte sich diese spitz.

Um die Situation zu retten, begann Kate lauthals zu lachen. Willie stimmte ein.

„Ja, unsere Lynnie ist ja immer so amüsant. Mit ihr wird es nie langweilig. O nein!" erzählte Willie Miß Bartley.

Diese gab sich mit der Erklärung zufrieden.

Dann war die Befragung beendet.

„Miß Bartley, bevor Sie gehen, möchte ich doch noch etwas wissen." Lynn nahm noch einmal ihren ganzen Mut zusammen, als Miß Bartley schon hüftschwingend auf die

Haustür zuging. „Wenn ich den Wagen nicht gewinne, gibt es dann so was wie einen Trostpreis?“

Die Dame in Grün drehte sich um. „Aber natürlich, meine Liebe: Jede Bewerberin gewinnt bei uns ein Miß-Southland-Würfelspiel und einen Bimsstein.“

Lynn schluckte. „Oh, dann kann man ja gar nicht verlieren. Das ist ja super.“ Sie lächelte tapfer.

Mit einem „Schönen Tag noch und auf Wiedersehen“ verabschiedete sich der Besuch und überließ die Familie Tanner ihren Spekulationen über Lynns Gewinnchancen.

„Was haltet ihr denn davon, wenn ich mitmache?“ erkundigte sich Lynn bei ihren Eltern. Vor Aufregung glühten ihre Wangen.

Willie wollte gar nicht glauben, daß Lynn sich das nach diesem Gespräch noch ernsthaft überlegte. „Also, ich weiß nicht ...“, stotterte er unbeholfen.

Kate schaltete sich ein. „Ein solcher Wettbewerb wird Lynn doch nicht schaden. Vorausgesetzt, sie nimmt ihn nicht allzu ernst.“ Und zu Lynn gewandt, fragte sie direkt: „Du nimmst doch so was nicht ernst, oder?“

Lynn war bester Stimmung. Die Diskopleite schien völlig vergessen zu sein. „Mami, ich werde einen Holzschuhtanz für einen Bimsstein vorführen. Wie kann ich so was ernst nehmen?“

Mit dieser Antwort hatte Lynn die Eltern endgültig überzeugt.

„Gut. Du hast dabei ja nichts zu verlieren“, stimmte nun auch Willie dem Ganzen zu.

„Nichts, bis auf die Anmeldegebühr!“ ALFs haariger Oberkörper erschien in der Durchreiche.

„Wieviel?“ fragte Willie mit eiskalter Stimme.

„Zweihundert Dollar!“ gab ALF eiskalt zurück.

„Weißt du, wie meine Antwort darauf lautet?“ erkundigte sich der Haushaltsvorstand mit versteinerter Miene.

ALF schien wenig beeindruckt. „Ich glaube! Deshalb will ich sie auch gar nicht hören.“

Er machte sich aus dem Staub. Außerdem gab's Wichtigeres zu tun. Er mußte Lynns Training vorbereiten.

Willies Funkstation in der Garage wurde zu einem Tanzstudio umfunktioniert. Für Lynns Sieg konnte man ruhig Opfer bringen.

Und dann ging's los.

Erst mal die theoretische Unterweisung. Dann schaltete Manager ALF den Kassettenrecorder ein. Lynn trampelte zu der Square-Dance-Musik wie eine Besessene mit Holzschuhen herum. ALF aber war nicht zufrieden.

„Na los, schneller! Halt deine Klapperlatschen in Bewegung. Stell dir vor, du zerstampfst Baumwolle", spornte er seinen Schützling an. „Weiter! In sechs Stunden fängt der Wettbewerb an. Keine Müdigkeit vortäuschen! Beweg deine lahmen Knochen!"

Aber Lynn war von der Hüpferei völlig kaputt und bestand auf einer Pause.

„Okay, okay, dann eben eine Pause", gab ALF nach. „Wir können ja inzwischen an deinem zuckersüßen Lächeln arbeiten!"

Doch Lynn wollte nicht mehr. „Ich hab' schon einen Gesichtskrampf vom ständigen Lächeln."

„Wir müssen auch noch mal die Fragen für das Interview durchmachen. Schmier schon mal deine Gehirnwindungen." ALF ließ noch nicht locker.

„Kapierst du denn nicht?! Mir reicht's! Ich kann nicht mehr!" Lynn schien mit ihrer Geduld am Ende.

Undank ist der Welt Lohn. Der Außerirdische war sauer. „Du willst wohl überhaupt nichts für die Sache tun, was? Wozu strenge ich mich hier eigentlich an? Ich überschlage mich geradezu, um anderen zu helfen, aber keiner erkennt es an! Nein. Man beklagt sich bloß. Ich glaube, mein Psychiater hat recht. Ich mache mir einfach zu viele Gedanken um euch." Sorgenvoll stützte ALF seine mächtige Rüffelnase in die Pfote.

Es war ihm gelungen, Lynn ein schlechtes Gewissen zu

machen. „Also gut, ALF", lenkte sie ein, „sprechen wir die Fragen noch mal durch."

Das Training ging weiter.

Am Abend war Lynn die große Überraschung für ihre Familie. Sie war kaum wiederzuerkennen mit ihrer mächtigen Dauerwelle und dem rosa Primadonnenkleid. Kate und Willie waren begeistert.

„O Lynn, du siehst umwerfend aus, einfach umwerfend!" Der Vater faßte seine Tochter um die Taille, und stolz tanzte er eine Runde mit ihr. Kate klatschte begeistert Beifall.

„Und? Gefällt dir deine große Schwester?" wollte sie von Brian wissen.

Der war vorsichtig. „Wenn ich jetzt ja sage, muß ich dann in Zukunft immer den Müll rausbringen?"

„Nein!" Kate lachte.

„Dann gefällt sie mir ganz gut!" grinste Brian.

Von ALF, dem Manager, kam keine Reaktion. Eine solch vornehme Zurückhaltung war man bei ihm nun wirklich nicht gewöhnt.

Lynn trat erwartungsvoll vor ihn hin, drehte sich im Kreis und fragte direkt: „Wie gefalle ich dir, ALF?"

„Tja", druckste er herum, „meine Großmutter hat mal gesagt, wenn einem absolut nichts Neues einfiele, solle man am besten gar nichts sagen. Dann hat sie nie mehr mit mir gesprochen."

Lynn war beleidigt. Sie hatte sich so viel Mühe gegeben. „Und was mißfällt dem verehrten Herrn alles?" wollte sie schnippisch wissen.

„Fangen wir ganz oben an. Was hast du nur mit deinem Haar gemacht?"

„Das ist eine Dauerwelle!"

Entsetzt keuchte ALF: „Heißt das etwa, du wirst auf Dauer so rumlaufen?"

Lynn beruhigte ihren Manager. „Nein, nur bis die Welle aus dem Haar wieder rauswächst."

Solche Tricks kannte ALF schon. Nachdenklich schaute er an sich herunter und erinnerte sich: „Das haben sie mir damals auch gesagt, als ich mich orange einfärben ließ ..." Dann kam er richtig in Fahrt. „Und dieses Kleid! Du siehst aus, als wärst du mindestens zweiundzwanzig Jahre alt."

Damit aber konnte er Lynn nicht treffen.

„Ich wollte eigentlich aussehen wie fünfundzwanzig!"

Verständnislos schüttelte ALF den Kopf: „Dann mach doch gleich den ganzen Schritt und probier, so alt auszusehen wie Kate."

Kate, die gerade versucht hatte, Willies Krawattenknoten zurechtzurücken, drehte sich abrupt um. „Du wirst gleich einen ganz anderen Schritt machen, nämlich den zur Tür hinaus."

ALF ging darauf gar nicht ein. Schließlich gab's andere Probleme. „Habt ihr denn Karotten und Tomaten auf den Augen? Der Glanz ihrer natürlichen Ausstrahlung ist völlig im Eimer. Jetzt sieht sie aus wie eine gewöhnliche Reklameschönheit!"

Lynn war zur Abwechslung nicht mal gekränkt. Sie beschloß zu bleiben, wie sie war.

Dann machte sie sich mit den Eltern auf den Weg.

Brian und ALF versuchten, sich die Zeit bis zu ihrer Rückkehr mit Spielen zu verkürzen. Doch das war ganz schön mühsam. Schließlich platzten sie fast vor Ungeduld.

ALF regte sich auf. „Ich werde an den Präsidenten schreiben. Es ist einfach eine Gemeinheit, daß keiner unserer 96 Fernsehkanäle diesen wichtigen Wettbewerb überträgt."

Dann kamen die sehnsüchtig Erwarteten zurück. Aber wie! Ganz geknickt.

„Eine andere Frau hat gewonnen", erzählte Lynn enttäuscht.

„Und wer hat dich geschlagen?" fragte ALF mitfühlend.

„Alle, die mitgemacht haben."

Lynns Antwort erschütterte selbst den Melmac, der sonst

hart im Nehmen war. Er suchte nach einer Erklärung. „Es lag sicher an den Haaren, oder?“

Wenn Lynn nur auf ihn gehört hätte! Schließlich kannte er sich besser aus.

Lynn stöhnte auf. „Ach, ich hab’ doch nicht nur wegen der Haare verloren. Kannst du dir vorstellen, daß außer mir noch vier andere Holzschuhtänzerinnen da waren, sogar eine Meisterin, die extra eingeflogen worden ist!“

„Laß doch, du hast dein Bestes getan!“ versuchte Willie sie zu trösten, und Kate fügte noch hinzu: „Schau, die anderen Mädchen haben einfach mehr Erfahrung als du. Die waren wahrscheinlich schon bei Dutzenden von Wettbewerben dabei.“

„Kann sein, aber ich fühle mich trotzdem mies, weil ich die Letzte war. Wenn es euch recht ist, zieh’ ich mich jetzt auf mein Zimmer zurück!“

ALF spürte, daß er gebraucht wurde. Er mußte Lynn wiederaufrichten. Doch erst nach energischem Klopfen öffnete sie ihre Zimmertür und wollte ALF auch gleich wieder abwimmeln.

„Laß mich bitte. Mir ist nicht nach reden zumute.“

Glücklicherweise konnte ALF in schwierigen Situationen immer auf Lebensweisheiten seiner Großmutter Shumway zurückgreifen. „Sie pflegte also zu sagen, sag mir deine Meinung, und ich sage dir, wer für dich denkt. Aber sie hat sich ihre eigenen Gedanken gemacht. Sie war die einzige, die rumlief und die Leute davor warnte, daß Melmac explodieren würde. Und sie hätte der Explosion auch entgehen können, wenn wir sie nicht eingesperrt hätten!“

Lynn fing an zu weinen und stoppte damit den Redefluß ihres Freundes. Sie ging in ihr Zimmer zurück und warf sich aufs Bett. Etwas hilflos folgte ihr der außerirdische Seelentröster. Mit weinenden Frauen hatte er so seine Probleme. Da halfen ihm auch die Lebensweisheiten seiner Großmutter nicht weiter.

„Sei ein Mann, Lynn“, versuchte er das Mädchen zu

beruhigen. „Kummer macht häßlich. Und dann wirst du erst recht nie einen Schönheitswettbewerb gewinnen."

„Eigentlich", gestand Lynn jetzt und wischte sich die Tränen ab, „hatte ich ganz fest mit dem Sieg gerechnet."

„Du hättest auch gewonnen, wenn du mit deinen Haaren gewartet hättest, bis der Friseur geschlossen hatte", gab ALF zu bedenken.

Lynn protestierte. „Es waren nicht die Haare. Die anderen Mädchen waren einfach besser!"

„Jetzt frisierst du die Wahrheit. Du warst die hübscheste von allen", sagte ALF im Brustton der Überzeugung.

„Woher willst du denn das wissen? Du warst doch gar nicht dabei!" entgegnete Lynn gereizt.

„Ganz einfach! Weil du das schönste Mädchen der Welt bist. Und das ist mein Ernst." ALF floß vor Charme fast über. „Schließlich bin ich ja schon weit herumgekommen – von einem Ende des Universums zum anderen. Und auf all meinen Reisen habe ich nie so ein wunderschönes Mädchen gesehen wie dich!"

Lynn war gerührt. „Danke, ALF", flüsterte sie.

Da räusperte sich jemand an der Tür. Willie hatte gelauscht. Zur Abwechslung war er mal richtig zufrieden mit ALF.

„Ich bin gekommen, um dir dasselbe zu sagen, Lynn. Ich bin auch ALFs Meinung, du hättest gewinnen müssen!"

„Mein Holzschuh ist über die ganze Bühne geflogen!" erinnerte sich Lynn mit Schrecken an ihren Auftritt.

„Na und? Wenn du keinen damit umgebracht hast, macht das doch nichts!" ALF sah hier null Probleme.

Willie fand ohnehin, daß die Punktrichter ein seltsames System angewandt hatten. „Du bist in keinem entscheidenden Punkt richtig beurteilt worden. Für mich jedenfalls hast du den Wettbewerb gewonnen. Du bist ein kluges, warmherziges, liebevolles, hübsches Mädchen. Glaube mir, keine von den anderen konnte dir eigentlich das Wasser reichen!"

„Wirklich, Papi? Lieb, daß du das sagst!“ Stürmisch nahm Lynn ihren Vater in den Arm.

Was für ein Bild! dachte ALF. „Hinreißend! Wartet, ich hole die Kamera!“ rief er und stürmte aus dem Zimmer.

Dank der liebevollen Fürsorge hatte Lynn den Mißerfolg schnell verkraftet. Bei einem jedoch zeigten sich Nachwirkungen der ganzen Geschichte: bei ALF.

Kritisch betrachtete er sich im Spiegel. Doch allein kam er zu keinem Ergebnis. „Kate, findest du eigentlich, daß ich gut aussehe?“ wollte der Melmac wissen.

„Äh, ja, sicher!“ erwiderte Kate nach einem kritischen Seitenblick. Was war denn mit dem los? Ein plötzlicher Anfall von Eitelkeit? Oder von Selbstzweifeln?

„Wenn du in meinem Alter wärst, würdest du dann mit mir ausgehen?“ bohrte er weiter.

Die Frage kam Kate bekannt vor. Und auch die Antwort, die sie gab: „Na ja, wenn ich dein Alter hätte und nicht verheiratet wäre und dir etwas ähnlicher sehen würde, dann vermutlich ja!“

„Ja?“ ALF strahlte vor Begeisterung. „Wo würden wir denn hingehen?“

Nach kurzem Nachdenken schlug Kate einen Western vor.

Damit war ALF nicht einverstanden. „Nein, die hauen doch nur auf den Putz. Ich denke an etwas Romantisches. Was hättest du denn noch zu bieten?“

„Weiter nichts!“ Kate wollte das Gespräch abbrechen.

ALF war beleidigt, daß sich Kate so wenig Gedanken über die Verabredung mit ihm machte. „Okay, okay. Vergiß die ganze Sache. Für mich ist der Fall erledigt.“

„Mir auch recht!“ gab Kate zurück und verließ die Küche.

ALF schaute erneut in den Spiegel und grübelte: Wer weiß, ob es so nicht besser ist.

Schluckauf Marke Melmac

Dorothy, Kates Mutter, war mal wieder überraschend zu Besuch gekommen, und die Begeisterung darüber war allen im Gesicht geschrieben. Dorothy wirkte heute noch etwas aufgedrehter als sonst. Große Ereignisse, so schien es, warfen ihre Schatten voraus. Die Tanners spürten geradezu ein Vibrieren in der Luft. Alle dachten das gleiche: Sie würde doch nicht etwa vorhaben, ihren Urlaub bei ihnen zu verbringen?!

Scheinbar gelassen saßen sie am Kaffeetisch. Selbst ALF war dabei. Seit Dorothys letztem Aufenthalt im Hause Tanner kannten sich beide. Ihr Verhältnis zueinander war unkompliziert: ALF mochte Dorothy nicht, und Dorothy mochte ALF nicht. Null Problemo für den Außerirdischen. Und auch Kates Mutter konnte durchaus mit diesem Zustand leben.

Im Moment hatte ALF ohnehin andere Probleme. Er fürchtete, daß der Kuchen nicht ausreichte. „Das ist eben immer ein Risiko, wenn man irgendwo unangemeldet hereinschneit!“ erklärte er Dorothy ungerührt und wollte sich zusätzlich noch schnell ihr Stück Marmorkuchen grabschen.

Dorothy war schneller. Sie haute ALF eins auf die Pfoten und sicherte sich selbst das bereits zerdätschte Stück.

Kate schüttelte mißbilligend den Kopf. „Es ist nur deshalb ein Stück Kuchen zu wenig“, schalt sie ALF, „weil du deines schon gegessen hast. Genug jetzt, du Vielfraß!“

Endlich nannte Dorothy den Grund ihres Kommens. „Ich bin nur deshalb unangemeldet hier hereingeschneit, weil ich unglaublich aufregende Neuigkeiten habe.“ Sie machte eine bedeutungsvolle Kunstpause, holte tief Luft und schaute alle erwartungsvoll an. „Und diese freudige Nachricht möchte ich mit denen teilen, die ich am meisten liebe!“ Sie nahm Kate und Lynn in die Arme. Mit einem

Seitenblick auf ALF fuhr sie fort: „... und mit denen, die ich nur schwer ertragen kann!“

„Hey, Willie, ich glaube, sie meint uns!“ sagte ALF ungerührt.

Da platzte Dorothy auch schon mit ihrer Neuigkeit heraus: „Stellt euch vor: Whizzer hat um meine Hand angehalten!“

„Mami. Das ist phantastisch!“ Kate umarmte ihre Mutter stürmisch. Auch Brian, Lynn und Willie waren aufgesprungen und gratulierten.

Nur ALF ließ die Nachricht kalt. Im Gegenteil, er fühlte sogar starkes Mitleid mit Whizzer. „Dem armen Kerl bleibt aber auch nichts erspart!“ murmelte er vor sich hin.

Kate hingegen freute sich wie ein kleines Kind über das Glück ihrer Mutter. Sie schlug die Hände zusammen und rief immer wieder: „Wie aufregend! Ich freue mich ja so!“

Doch so leicht ließ sich ihre Mutter die Schau nicht stehlen. „Wenn hier einer aufgeregt ist, dann bin ich es!“ stellte sie klar.

ALF sah erneut seine Chance. „Soviel Aufregung schlägt leicht auf den Magen!“ wußte er aus Erfahrung. Im allgemeinen Trubel versuchte er, Dorothy wieder das Kuchenstück vom Teller zu mopsen. Und erneut gab die strahlende Braut ihm eins auf die Pfoten.

Kate war inzwischen in Gedanken schon voll bei der Vorbereitung der Feierlichkeit. Die Hochzeit müsse unbedingt im Hause Tanner gefeiert werden, verlangte sie.

„Ach, Kate. Ich hatte insgeheim gehofft, daß du mir das anbieten würdest.“ Dorothy nickte glücklich.

ALF war da aber ganz anderer Meinung. „Was? Hier in meinem Haus? Wer fragt mich? Ich bin dagegen!“ Er war sich sicher, daß er aussprach, was der Rest der Familie auch dachte.

ALFs Gegröle beeindruckte Kate jedoch wenig. „Papperlapapp, wir feiern hier. In unserem Haus. Willie und ich haben im Haus meiner Mutter geheiratet. Und deshalb wird ihre Hochzeit natürlich bei uns stattfinden. So wie es der Brauch will! Traditionen soll man pflegen!"

Lynn, die inzwischen begriffen hatte, daß mit Whizzer ein neuer Großvater auf sie zukommen würde, fragte, wann die Hochzeit denn stattfinden solle.

„Irgendwann im nächsten Monat, dachten wir!" sagte Dorothy.

„An welchem Tag?" ALF wollte das konkreter wissen. „Ich bin schließlich nicht immer verfügbar. Man hat ja so seine Termine!" erklärte er.

Doch ihm blieb heute nichts erspart. Gnadenlos wies Kate ihn darauf hin, daß er an diesem Hochzeitstag einen Termin in der Garage habe. „Was guckst du so, du weißt doch, wieso."

„Klar, denn auch das ist ja schon Tradition!" maulte der Außerirdische. „Aber Traditionen sind wie Teller: gemacht, um zu zerbrechen."

Von da an drehte sich das Gespräch nur noch um Dorothy und Whizzer. Eigentlich hatten die Tanners schon immer gehofft, daß Whizzer, dieser nette Mensch, eines Tages mal zu ihrer Familie gehören würde. Wenn man nur bedachte, wie er Dorothy damals beim Umzug geholfen und dann als ihr Nachbar in jeder Notlage zu ihrer Verfügung gestanden hatte. Wie hatte er Dorothy den Hof gemacht. Diese vielen Blumen, die Einladungen zum Essen. Und wie häßlich war Dorothy anfangs zu ihm gewesen. Das hatte allen richtig weh getan. Erst viel später hatte Dorothy erkannt, was sie an Whizzer hatte. Nun ja, Ende gut, alles gut!

In den nächsten Tagen liefen die Vorbereitungen für dieses Fest der Feste auf Hochtouren. Willie bestellte noch eiligst telefonisch beim Kostümverleih einen Smoking. Kate und Lynn polierten schon seit Stunden das Tafelsilber.

„Ich finde es toll, daß Großmama bei uns heiratet. Hier ist es doch viel familiärer als in irgend so einem anonymen Hotelschuppen", schwärmte Lynn.

„Vielleicht möchtest du auch bald ganz familiär bei uns heiraten? Das Haus steht dir zur Verfügung! Wie geht es eigentlich deinem neuen Freund? Habt ihr euch wieder vertragen?“ Kate konnte sich ihre Anspielungen einfach nicht verkneifen.

„Über so ein ernstes Thema macht man keine Witze, Mami“, fand Lynn. „Außerdem ist ja wohl jetzt erst mal Großmutter an der Reihe.“

In dem Augenblick tapste ALF ins Wohnzimmer. Er hatte einen großen durchsichtigen Wasserkanister bei sich. Der Kanister war fast leer.

„Das Wasser ist prima, Kate. Davon solltest du für morgen besser noch mehr besorgen. Oh, das reimt sich sogar: für morgen besorgen. Bin ich vielleicht doch ein unentdeckter Poet?“

Kate war alles andere als begeistert. Das Wasser war für die Hochzeitsgäste bestimmt. Und sie konnte sich beim besten Willen nicht vorstellen, daß ALF allein neun Liter Wasser getrunken hatte.

„Doch, doch!“ beteuerte der. „Ich dachte, es wäre gut gegen meinen Schluckauf!“

„Was für einen Schluckauf?“ erkundigte sich Willie teilnahmsvoll.

Da erschütterte es ALF plötzlich regelrecht. Ein ungewöhnlich laut scheppernder, metallischer Schluckauf durchschüttelte ihn. Von der Wucht dieses Bebens schlug sein Kopf mehrmals hin und her. Das scheppernde Geräusch klang furchterregend.

Erschrocken starrte Kate ALF an. „Das ist der eigenartigste Schluckauf, den ich je gehört habe. Hast du das öfter?“

Wieder wurde ALF von so einem inneren Beben heimgesucht. Wieder dieses schreckliche Geräusch, das sich anhörte wie ein Schraubenschlüssel, der in eine Metallwanne fällt. ALF zitterte und wackelte bedenklich hin und her. Schnell hatte er sich wieder gefangen. „Was glotzt ihr mich so an? Mann, ihr habt eben einer Weltpremiere beigewohnt. Ihr seid die ersten Menschen, die ihn jemals hören durften, den gefürchteten Melmac-Schluckauf."

„Wieso ist er denn so gefürchtet, mal abgesehen davon, daß dieses Geräusch wirklich schrecklich klingt, so irritierend-metallisch!" Willie mit seinem Hang zum Perfektionismus wollte das schon genauer wissen.

ALF wiegte den Kopf bedenklich hin und her. „Dieses irritierende metallische Echo – wie du es nennst – wird lauter und lauter. Von Tag zu Tag, von Woche zu Woche, von Monat zu Monat, von Jahr zu Jahr!"

„Und wie viele Jahre sind dafür vorgesehen?" Kate hoffte auf eine günstige Prognose.

„Das weiß auf Melmac auch niemand so genau."

Kate fand ALFs Antwort enttäuschend. Der Melmac nannte aber seinen Onkel Lieblich als Meßwert. Der hätte den Schluckauf über fünfzig Jahre gehabt.

ALFs Prophezeiungen traten schlimmer ein als erwartet. Der schreckliche Schluckauf wurde immer lauter. Kaum einer machte in der Nacht ein Auge zu. Beim Frühstück am nächsten Morgen fühlten sich alle wie gerädert. Brian schlief sogar über seinem Teller ein.

ALF saß schon seit geraumer Zeit im Badezimmer. Gespannt lauschten alle in diese Richtung. Seit 25 Sekunden herrschte von dort her Ruhe. Kein Schluckauf mehr! Was war passiert?

Lynn sprang auf und schoß ins Bad. „Er atmet in eine Tüte", rief sie kurz drauf. „Das scheint zu helfen!" Doch dann hörte man einen lauten Knall, ähnlich dem Platzen eines Luftballons. ALFs Schluckauf hatte die Tüte gesprengt.

„Wir haben es mit Zucker und mit Honig versucht. Es hat nicht geholfen", zog Kate enttäuscht ein Resümee ihrer gemeinsamen Bemühungen, dem Melmac zu helfen. „Wir haben es mit Zitronensaft probiert. Fehlanzeige!"

„Und mit einem halben Truthahn!“ unterbrach Brian seine Mutter schlaftrunken. Als er allerdings den Blick seiner Mutter sah, fügte er schnell hinzu: „ALF hat gesagt, es wäre ein bedeutender Versuch.“

Da kam auch schon der Gepeinigte in die Küche gewankt. Er sah richtig mitgenommen aus.

„Ich habe wegen dir die ganze Nacht kein Auge zugemacht!“ beklagte sich Lynn.

„Und ich habe geschlafen wie ein Baby. Wie ein Baby, das man vorher mit Cola vollgepumpt hat.“ Willie zeigte selbst jetzt noch Muße für Ironie.

„Dann kannst du jetzt auch noch ein Täßchen vertragen.“ Kate schenkte Willie die Tasse voll.

Jetzt machte sich wieder Brian bemerkbar. Er wollte auch Kaffee, am liebsten schwarz. Kate schüttelte den Kopf. Für Kaffee sei er noch zu jung, bestimmte sie.

„Seit letzter Nacht fühle ich mich uralt!“ gab der Filius matt zurück und ließ seinen Kopf wieder auf den Tisch knallen.

„Ja, ja! Denkt ihr nur an euren Schlaf, während ich leide!“ meckerte ALF. Wieder folgte ein so schrecklicher Schluckauf, daß die Tassen auf dem Tisch wackelten.

„ALF, es tut mir sehr leid, was du da durchmachen mußt. Aber ich hoffe doch sehr, daß sich dein Schluckauf bis zum Hochzeitsmorgen verflüchtigt hat.“ Kates Mitleid war nicht gespielt. Der kleine Außerirdische tat ihr wirklich leid.

Statt einer Antwort bekamen die Tanners erneut eine Melmacsche Kostprobe zu hören.

Lynn schlug nun vor, ALF solle es doch noch einmal mit Luftanhalten versuchen. Man wisse ja nie, vielleicht helfe es.

ALF wollte gern unter Beweis stellen, daß er guten Willens war. Er holte tief Luft und wartete zwanzig Sekunden. Nervös schlug er in der Zwischenzeit mit beiden Pfoten trommelnd auf den Tisch. Die Tanners waren sich eine Zeitlang unsicher, welches dieser Geräusche unangenehmer war, der Schluckauf oder dieses nervende Trommeln. Sie brauchten sich allerdings nicht zu entscheiden, denn postwendend bekamen sie beides frei Haus: Kaum holte ALF wieder Luft, folgten drei besonders laute Schepper-Schluckaufs.

„Hey, Tanners!“ Trevor näherte sich in dem Moment der Haustür.

„Nimm deinen Schluckauf und mach ’ne Fliege!“ befahl Willie dem gepeinigten ALF.

„Schon gut. Schon gut. Ich bin gleich weg. Wenn dein Nachbar sich aber wegen der Truthahnknochen auf seinem Rasen beschwert, stellt euch einfach dumm.“ Mit diesen Worten verschwand ALF in der Küche.

Trevor polterte ins Wohnzimmer. „Ist bei euch alles in Ordnung?“ Das war Trevors Standardfrage, auf die er eigentlich nie eine Antwort erwartete. Und so quatschte er auch schon leutselig die neuesten Neuigkeiten aus dem Ochmonekschen Haushalt aus. „Stellt euch vor, meine Rachel bildet sich ein, nachts irgend so ein wildes Geräusch gehört zu haben. Ich habe nichts mitbekommen, aber ich habe auch in einem anderen Zimmer geschlafen.“

„Wildes Geräusch? Was meinen Sie damit?“ fragte Lynn mit Unschuldsmiene.

„Ja, Rachel sagt, es klinge so, als wenn meine Hausschlange an einer Ratte würge.“

In dem Moment ertönte aus der Küche ein metallenes Schluckauf-Echo gigantischen Ausmaßes.

Trevor erschrak. „Das muß es sein. Es kommt von hier. Also hatte die liebe Rachel doch recht.“

Willie schaltete blitzschnell. „Ach, *das* meinen Sie! Das Geräusch kommt von unserem Müllzerkleinerer. Der funktioniert zur Zeit nicht ganz richtig.“

Das klang logisch! „Und deshalb liegen wohl auch die Truthahnknochen auf meinem Rasen?“ fragte Trevor spitz.

Willie entschuldigte sich mehrmals und versprach, das sofort in Ordnung zu bringen.

Es schien zu funktionieren. Trevors Mißtrauen war verflogen. Er nahm sich ein Stück Käse vom Frühstückstisch und erklärte kauend: „Ach, das macht doch nichts, Tanner, Knochenmehl ist doch ein guter Dünger, nicht wahr. Jetzt muß ich aber gehen, Rachel hat das Frühstück fertig!" Sprach's, schnappte sich noch ein Stück Wurst und verschwand durch die Hintertür.

Wieder war aus der Küche ein Schluckauf und dann das Zersplittern eines Glases zu hören. Willie beschloß, nach dem Rechten zu sehen, bevor größeres Unheil passierte.

Da erschien ALFs Kopf in der Durchreiche. Er hielt ein Glas in der Hand. „Hey, Leute, schaut mal her. Ich bin Ella Fitzgerald!" Er stellte das Glas hin. Und in dem Moment überfiel ihn erneut ein Schluckauf. Mit einem Klirren zersplitterte das Glas.

„Was Ella im Singen, bin ich mit meinem Schluckauf. Vielleicht läßt sich daraus ja was machen?"

Doch statt ALFs ungewöhnliche Gabe zu vermarkten, überlegten die Tanners während der nächsten Tage fieberhaft, wie sie ein Mittel gegen dieses unerträgliche Geräusch finden konnten.

Eines Vormittags hatte sich ALF in die Garage zurückgezogen und wühlte schon seit geraumer Zeit in einer Schachtel mit seinen Sachen. In regelmäßigen Abständen ertönte ein metallenes Scheppern. Kate und Willie betraten leise die Garage. Besorgt hatten sie nach ALF gesucht.

„Was suchst du denn da?" Neugierig traten sie näher.

„Meine melmacinisch-medizinische Enzyklopädie. Vielleicht steht da ein Rezept drin gegen Schluckauf."

Voller Hoffnung halfen Kate und Willie dem kranken Außerirdischen beim Suchen. Nur gab es da ein klitzekleines Problem: ALF wußte selbst nicht mehr so genau, wie das Buch aussah, das er suchte.

„Könnte es das sein?" Willie hatte ein buntes Heftchen aus einer von ALFs zahlreichen Schachteln gezogen.

„O ja, das ist es. Da steht's ja auch drauf: ‚Dein häuslicher Freund und Ratgeber'. Ich schau' gleich mal nach!"

„Ist das nicht ein bißchen dünn für eine Enzyklopädie?" Willie zweifelte den Nutzen dieses medizinischen Heftchens stark an.

ALF sah es ihm nach. Woher sollte sich so ein Erdenbürger auch mit den Körpern von Melmacs auskennen? „Die sind nicht so kompliziert. Wir haben zehn Organe. Acht davon sind Mägen!" erklärte er.

„Ach, ich dachte schon, alle zehn sind Mägen!" konterte Willie.

ALF ließ sich durch Willies unqualifiziertes Gequatsche nicht stören. Laut las er aus dem medizinischen Standardwerk vor: „Magenschmerzen, Magenkrämpfe, Magenverpflanzung, Magenleuchten, Magengrippe, da haben wir's: Schluckauf!"

ALF brummelte vor sich hin. Es folgten einige unverständliche Fachausdrücke. Dann rief er begeistert aus: „Ich hab's! Was hier am besten hilft, ist ein Glas Katzensaft! Null Problemo!"

„Katzensaft? Was ist das, um Himmels willen?" Kate war angewidert.

„Na, das ist wie frisch gepreßter Orangensaft. Nur, daß man zum Pressen nicht eine Orange verwendet, sondern man preßt den Saft frisch aus einer ..."

„Halt! Ich will das nicht hören!" schrie Willie entsetzt.

„Dann halt dir die Ohren zu: ... Katze."

Kate meinte, es müßte doch sicherlich noch eine andere Medizin geben.

„Gibt es auch", bestätigte ALF. „Aber die ist noch ekliger. Willst du sie hören, Kate?"

Kate verzichtete dankend und erntete dafür einen Schluckauf in bisher noch nicht gehörter Lautstärke.

Die nächsten Tage waren anstrengend. Nicht nur die Vorbereitungen für das Hochzeitsfest gingen Kate durch den

Kopf. Immer wieder grübelte sie über ALFs Schluckauf nach. Verzweifelt fragte sie sich, was man wohl dagegen machen könne.

Eines Nachmittags lag sie auf dem Sofa, Lucky zu ihren Füßen. Er hatte sich gemütlich eingerollt und schnurrte behaglich vor sich hin.

Mit einem bekannten Geräusch kündigte ALF sein Kommen an. „Hi, Kate!“ grüßte er, als er ins Wohnzimmer watschelte. „Hi, Safti, äh Lucky!“ bekam auch der Kater sein Fett ab.

Kate war sofort auf hundertachtzig und drohte ALF an, daß er alles zurückbekomme, was er der Katze antun würde.

Das wollte ALF genauer wissen: Er gab Lucky einen Kuß und hielt dann Kate demonstrativ seinen Riffelrüssel hin. Kate mußte lachen.

In dem Moment kam Willie nach Hause. „Hallo, mein Schatz!“ begrüßte ihn seine Frau und gab ihm einen Kuß.

„Das ist typisch. Ihn küßt du, und ich muß ungeküßt schlafen gehen. Diese Welt ist ungerecht!“ Schmollend setzte sich der Melmac in die andere Sofaecke.

Doch weder Kate noch Willie kümmerten sich weiter um ALF. Im Moment hatten sie andere Sorgen.

„Hast du einen Platz für die Hochzeit gefunden!“ fragte Kate und sah Willies Gesicht schon an, wie die Antwort lauten würde.

„Es ist zum Verzweifeln“, schalt Willie, „alle Kirchen sind ausgebucht. Das einzige wäre die Nudistenkapelle von Malibu.“

„Meine Mutter wird bestimmt nicht in einer Nudistenkolonie heiraten“, gab Kate zu bedenken.

Unaufgefordert quatschte ALF dazwischen: „Und wenn sie es tut, dann werde ich nicht hingehen. Ich hab’ da nämlich eine Tätowierung, die ich lieber nicht beschreiben will ...“

„ALF, wie oft haben wir dir schon gesagt, daß du bei

der Hochzeit nicht dabeisein wirst!" Willie war es leid, den Außerirdischen wiederholt darauf hinzuweisen.

„Und wer singt dann ‚So nehmt denn eure Hände!'?" erkundigte sich der Melmac aufgebracht. „Ich hab' das schließlich schon geübt!"

Bevor Kate zu einer Antwort anheben konnte, dröhnte wieder so ein Schluckauf durch das Wohnzimmer.

„Whizzer!" kam es mit Verspätung.

„Whizzer – Wer? Wie kann man nur so heißen!" ALF kicherte.

„Nun, es gibt auch Leute, die heißen Onkel Lieblich. Also, Whizzer wird singen. Das heißt, wenn es überhaupt eine Hochzeit gibt." Kate war skeptisch. „Wenn das mit dir noch schlimmer wird, passiert bestimmt ein Unheil."

ALF hatte keine Chance, darauf zu antworten, denn erneut wurde er von seiner Plage überfallen. Im selben Moment zersplitterte eine Blumenvase auf dem Tisch. Ella Schluckauf hatte zugeschlagen!

Am nächsten Morgen dekorierten Willie und Kate das Wohnzimmer für die Hochzeitsfeier. Mit ALF war es über Nacht noch schlimmer geworden.

„Man kann ihn sogar noch im Keller hören! Bei geschlossener Türe! Mit einer Matratze über dem Kopf! Und mit Watte in den Ohren!" Jeder hatte so seine Erfahrungen mit dem ALF-Sound gemacht.

Draußen läutete es. „O mein Gott, das sind schon Mutter und Whizzer. Wenn er den Schluckauf hört und ALF entdeckt, wird er die Hochzeit absagen. Und meine Mutter wird für den Rest meines Lebens sauer auf mich sein!" Kate war ganz verzweifelt.

Whizzer hatte es glücklicherweise eilig. Er wollte noch zu einem Junggesellenabschiedsfrühschoppen.

„Laß dich doch heute nachmittag mal sehen!" spielte die Braut so nebenbei auf ihren Hochzeitstermin an.

„Klar, das mach' ich!" versprach Whizzer, gab Dorothy

einen flüchtigen Abschiedskuß und verschwand pfeifend durch die Tür.

Wieder dröhnte ALFs Schluckauf durch das ganze Haus. Dorothy schreckte zusammen. „Wawawawas war das denn?“ stotterte sie.

„Ach Mami, das ist ALF. Er hat einen Schluckauf. Und es wird immer schlimmer!“

„Ach, das tut mir leid. Armer kleiner Kerl!“ Daß Dorothy heute so mitfühlend war, mußte daran liegen, daß ihr Hochzeitstag war. „Kann man denn da gar nichts machen?“

Kate schüttelte den Kopf und berichtete von allen bisherigen vergeblichen Bemühungen und allen Rezepten, die sie schon ausprobiert hatten. Selbst den halben Truthahn vergaß sie nicht zu erwähnen.

Wieder erzitterte das Haus von dem melmacschen Schluckauf. In diesem Zusammenhang erinnerte Willie sanft an die Hochzeitszeremonie. Was sollte man nur mit ALF machen?

„Erschießt ihn!“ forderte Dorothy eiskalt. „Das Leben ist schließlich kein Picknick, und jeder muß Opfer bringen. Schließlich geht es um meine Hochzeit.“

Entsetzt starrten die Tanners auf die Braut. Wie gefühllos von ihr!

„Na, stellt euch doch mal vor, gerade im feierlichsten Moment zieht er diese Show ab!“ versuchte sich Dorothy zu rechtfertigen.

Willie und Kate wollten aber lieber nach einer anderen Lösung suchen.

„Vielleicht gibt es doch noch eine andere Medizin als Katzensaft!“ hoffte Kate.

„Katzensaft?“ Dorothy verstand nur Bahnhof.

Willie erklärte ihr alles ganz genau. Katzensaft sei ein Rezept gegen Schluckauf auf Melmac. Aber sie seien keineswegs gewillt, Lucky oder irgendeine andere Katze durch den Fleischwolf zu drehen, nur um ALF zu kurieren.

Der Melmac mußte gespürt haben, daß es um ihn ging.

Mit einem mächtigen Schluckauf stolperte er ins Wohnzimmer. Verärgert musterte ihn Dorothy von oben bis unten. „Was willst du, du lärmendes Ungeheuer aus der Hölle?“ fragte sie.

„Dich verputzen, du liebloses Trockengemüse“, entgegnete ALF boshaft.

Kate stellte sich zwischen die beiden Streithähne und nahm ALF in Schutz. Er konnte ja nun wirklich nichts dafür, daß er von dieser üblen Krankheit heimgesucht worden war.

In seinem Krieg mit Dorothy hatte der Außerirdische noch einen Trumpf in der Tasche. Jetzt war der richtige Zeitpunkt gekommen, ihn einzusetzen. ALF setzte sein scheinheiligstes Gesicht auf, und zu Dorothy gewandt sagte er: „Vielleicht solltest du ab und zu mal dran denken, wer dich und Whizzer zusammengebracht hat. Wenn ich nicht gewesen wäre, dann wärst du heute immer noch solo und könntest die Uralt-Wiederholungen von Bonanza ansehen. Und der Höhepunkt deines Lebens wäre ein lüsterner Blick auf Little Joes Brusthaar.“

Zufrieden holte ALF Luft. Das mußte schließlich mal gesagt werden. Erst half er, dieses Frauenzimmer an den Mann zu bringen, und dann wurde sie auch noch unverschämt. Nicht mit ihm. So was ließ sich ein Melmac nicht bieten.

„ALF, laß uns bitte mal einen Augenblick allein. Wir haben etwas zu bereden.“ Willie war ausgesprochen höflich.

„Ja, aber dieses Dörrgemüse soll nicht über mich herziehen“, verlangte ALF. „Paßt bitte auf!“ Dann trollte er sich mit einem lauten Schluckauf von dannen.

Etwas betreten standen die anderen einen Moment lang herum, bis Dorothy die Initiative ergriff: „Ja, dann mal ran. Harte Zeiten verlangen nach harten Mitteln. Machen wir Katzensaft!“

Auf die entsetzten Blicke von Kate und Willie hin erläuterte sie ihre Idee: „Wir mixen einfach irgendein widerliches Gebräu zusammen und sagen ALF, das sei Katzensaft. Vielleicht ist sein Schluckauf psychisch bedingt. Dann hilft das bestimmt."

Kate und Willie waren einerseits beruhigt, daß Lucky nicht Bestandteil von Dorothys teuflischem Gebräu werden sollte, andererseits aber auch skeptisch, was die Wirkung des Saftes anbelangte. Aber sie wollten nichts unversucht lassen, um ALF und sich von diesem scheppernden Übel zu befreien.

Bereits wenig später wurde in der Küche ein Gemisch aus allem zusammengemixt, was gerade auffindbar war: Kräuter, Magenbitter, reifer Käse und Ketchup. Dorothy rächte sich noch mit ein paar Spritzern Blumendünger für das Dörrgemüse.

ALFs Beschwerden wurden hörbar schlimmer. Sein Schluckauf kam in immer kürzeren Abständen und wurde immer lauter.

„Auf geht's!" Wie drei Verschwörer trugen Kate, Willie und Dorothy den Jahrhundertcocktail in die Garage.

„Wir haben eine Überraschung für dich!" kündigte Willie freudestrahlend an.

„Ist Dorothy explodiert?" fragte ALF hoffnungsvoll.

Feierlich erklärte Kate, ihnen sei nach einigem Nachdenken klargeworden, daß seine, ALFs Gesundheit, wichtiger wäre als das Leben einer gewöhnlichen Katze.

„Das hier ist ... äh ... frisch gepreßter Katzensaft", fügte sie hinzu. „Wir haben den Drink ‚Le chat noir' getauft. Laß ihn dir schmecken. Und gute Besserung!"

ALF war begeistert, aber sein feines Empfinden für Etikette blieb gestört. „Das sieht etwas schmucklos aus. Wo ist das silberne Tablett? Wo das Schirmchen?" maulte er.

„Trink es einfach!" riet Dorothy, und in ihren Augenwinkeln blitzte es boshaft.

ALF schaute sich den Saft genau an. „Okay, mein armer, alter Lucky. Ich mochte dich als Katze. Aber ich liebe dich auch als Cocktail!"

Das war Kate nun doch zuviel. „Das ist kein Lucky-Saft, ALF. Das war ein Streuner!"

„Doch hoffentlich kein Verkehrsopfer? Ich habe schließlich meine Prinzipien. Ist sie auch koscher?"

ALF genoß seine Rolle. Gespannt warteten alle darauf, daß er sich endlich das Gebräu hinter die Kehle haute. Schließlich wollten sie wissen, ob ihr Rezept auch wirkte.

ALF nahm einen tiefen Schluck und leerte dann in einem Zug den Becher. Dann ging ein Zittern durch seinen Körper, gefolgt von einigen Halsverrenkungen. Der Melmac öffnete den Mund, doch statt eines Schluckaufs kam ein tiefer Rülpser.

Plötzlich hatte ALF es eilig. „Ich muß dringend zur Toilette. Die Katze war bestimmt hellblond. Bei uns auf Melmac heißt es nämlich: Je heller, je schneller!"

Tanners horchten gespannt. Schon zwei Minuten war kein metallenes Scheppern zu hören. Der Trick hatte geklappt. Der Hochzeitsfeier stand nun nichts mehr im Wege!

Die Gäste waren pünktlich erschienen. Mit feierlicher Miene wartete der Mann am Klavier auf seinen Einsatz. Und auch Whizzer hatte sich gerade noch rechtzeitig von seinem Junggesellenabschied losreißen können. Das geschmückte Tannersche Wohnzimmer strahlte eine gediegene Feierlichkeit aus.

Lynn nutzte die letzten Minuten vor dem Beginn der Zeremonie, um das Ereignis auf Video festzuhalten.

In dem Moment stimmte der Pianospieler auf ein Zeichen von Kate den Hochzeitsmarsch an. Seite an Seite schritten Dorothy und Whizzer in den Raum. Ein kleines Mädchen trug die Schleppe von Dorothys weißem Kleid. Vor dem Standesbeamten blieben die Brautleute stehen.

„Liebe Anwesende!" begann der seine Ansprache. „Wir sind hier heute zusammengekommen, um unter Zeugen diese beiden Menschen zum Bund der Ehe zu vereinigen."

Aus der Küche war lautes Schluchzen zu hören. Irritiert schaute der Beamte sich um.

Willie räusperte sich laut, um diese seltsamen Geräusche zu übertönen. Der Standesbeamte fuhr fort mit seiner Zeremonie.

In der Küche saß derweil ein Außerirdischer, der vor Rührung fast zerfloß. Ganze Berge von Papiertaschentüchern hatte er um sich aufgeschichtet und schniefte laut und überall im Haus vernehmlich in sie hinein.

Die Gäste draußen sahen sich fragend an. „Bist du gewillt, diesen Mann, Whizzer Deaver, zu deinem ...“, versuchte der Beamte, unbeeindruckt von allen Nebengeräuschen, die Hochzeit hinter sich zu bringen.

Willie wurde das Schluchzen und Schniefen hinter der Küchenwand schließlich zuviel. Er wechselte einen vielsagenden Blick mit seiner Frau und entschuldigte sich bei der Hochzeitsgesellschaft. Dann verschwand er in der Küche, um die Geräusche abzustellen.

ALF hatte natürlich mitbekommen, daß sich Willie in Bewegung gesetzt hatte. Er wußte genau, was ihm jetzt blühte. Da half nur Flucht. Die Gäste hörten ein lautes Türenknallen. ALF verschwand in Richtung Garage, Willie ihm dicht auf den Fersen.

„Hey, Willie, que pasa?“ keuchte ALF, noch völlig außer Atem von der plötzlichen Flucht.

Willie starrte ihn drohend an. „Was erlaubst du dir eigentlich, du Mistvieh?“

„Ich spreche Spanisch!“

„Komm zur Sache! Was hattest du in der Küche zu suchen?“

ALF machte ein schuldbewußtes Gesicht. Er wollte doch nur bei der Hochzeit dabeisein, wollte sehen, wie seine geliebte Dorothy den von ihm so geschätzten Whizzer ehelichte.

„Und ich will von der Torte!“ japste er gierig und ließ ein knallendes Schmatzen hören.

Langsam, aber sicher bevölkerte sich die Garage. Lynn kam, um Willie zurückzuholen. Der Priester wartete schon.

„Okay, okay. Wir kommen!“ ALF stand auf und wollte unbedingt mitgehen.

Willie war am Ende seiner Kraft. Er flehte ALF inständig an, endlich Vernunft anzunehmen. „Wenn man dich sieht, sperrt man dich ein. Willst du das wirklich?“

Der Außerirdische wußte genau, was er wollte: „Ich will alles. Und ich will ein Teil der Familie sein.“

„Schau mal, ALF.“ Lynn nahm den Außerirdischen tröstend in den Arm. „Du gehörst doch zur Familie. Der einzige Grund, warum dich Mami und Dad heute in die Garage sperren, ist, daß sie nicht wollen, daß jemand erfährt, daß du da bist. Sie machen sich Sorgen um dich. Deshalb haben sie dir auch diesen unechten Katzensaft gemacht!“

„Unechter Katzensaft?“ ALF fuhr jäh herum und ließ Lynn stehen. „Ihr dachtet wohl, ihr könntet mich reinlegen?“ herrschte er Willie an.

„Wir haben dich reingelegt!“ grinste Willie.

Das Grinsen verging ihm aber ganz schnell, denn im selben Moment schüttelte ein Schluckauf von bisher noch nicht gehörter Lautstärke den armen ALF durch. Ein wahres Beben der Stärke 8 auf der nach oben offenen Melmac-Skala. Die Psyche spielte eben doch mit.

Im Wohnzimmer machte sich immer mehr Unruhe breit. Alle warteten auf Willie und Lynn. Als ALFs Schluckauf ertönte, machte sich Entsetzen bei den meisten Gästen breit. Ein seltsames Haus war das hier.

„Was war das denn schon wieder?“ Whizzer wollte nun auch langsam die Trauung hinter sich bringen.

„Das ist dein Einsatz, Liebling! Du mußt jetzt singen. Ich bin gleich wieder da!“ Und auch Dorothy rauschte im weißen Kleid davon. Kate hielt nun auch nichts mehr auf ihrem Platz. Beinahe hätte man glauben können, die Hochzeit fände in der Garage statt, wo ALF mit seinen Lieben hofhielt.

Als ALF die Braut sah, brüllte er vor Lachen laut los.

„Ein weißes Kleid? Dorothy, wem willst du denn das noch weismachen?"

Kate war in Panik. Sie befürchtete eine Katastrophe. „Willie, wir müssen etwas unternehmen", bedrängte sie energisch ihren Ehegatten. „Man kann ALF deutlich im Hochzeitszimmer hören."

Willie versuchte es mit dem Melmac noch einmal im Guten: „Hör zu, ALF, gestern hast du gesagt, es gäbe noch ein Rezept gegen den Melmac-Schluckauf. Bitte, was ist das?"

Der Außerirdische zierte sich. „Lieber nicht, es ist so unglaublich widerlich, daß ich schon würgen muß, wenn ich nur daran denke."

„Was ist es?" Dorothys Stimme schnappte fast über.

„Gut, das andere Mittel ist... eine Portion... roher Spinat!" Kaum hatte ALF *das* Wort ausgesprochen, entrannen seiner Kehle auch schon entsetzliche Würgelaute. „Spinat ist ekelhaft", keuchte er. „Auf Melmac ist der Spinatfresser Popeye eine Horrortype!"

„Gut, ALF, dann vergiß den Spinat. Dann gehen wir eben nach Plan B vor." Erstaunlich, wie cool die Braut reagieren konnte, wenn es um ihre Zukunft ging.

„Was ist Plan B?" wollte ALF wissen.

„Das hat etwas mit Erschießen zu tun!"

ALF traute Dorothy tatsächlich alles zu.

Lynn hatte in der Zwischenzeit ein Paket mit frischem, rohem Spinat aus der Kühltruhe geholt. ALF lenkte ein. „Na schön, ich werde das verdammte Zeug essen. Wie man hört, soll Spinat ja gesund sein. Zum Beispiel hat er Eisen und Kalzium und knirschende Sandkörner..."

Dorothy kam drohend auf ihn zu. „Iß jetzt endlich deinen Spinat!"

„Na ja, wenigstens ist ein Käfer drin!" Mit angewidertem Gesichtsausdruck stopfte sich ALF das Grünzeug in den Mund.

Die Hochzeit nahm schließlich doch noch ein gutes Ende. Nach ein paar Stunden verabschiedeten sich die letzten Gäste, und auch das frisch vermählte Paar war für den Honeymoon startklar.

Whizzer rief im Gehen noch Willie zu: „Übrigens, wenn die Hochzeitstorte doch noch auftaucht, hebt uns ein Stück auf!“

Willie konnte sich im nachhinein diese seltsame Geschichte, die passiert war, auch nicht erklären. Die ganze Torte war plötzlich wie vom Erdboden verschwunden gewesen.

In dem Moment war ein überlautes außerirdisches Rülpsen aus der Küche zu vernehmen. Mit einemmal war Willie alles klar. Spinat hatte für ALF nicht ausgereicht.

Kate umarmte ihre Mutter. „Wenn du irgendwelche Fragen hast oder einen Rat in deinen Flitterwochen brauchst, oder wenn du dich einfach mal aussprechen willst, dann ruf mich ganz einfach an.“

Auch ALF wollte natürlich noch seinen Senf dazugeben. Oder besser gesagt: seinen Reis. Er öffnete die Durchreiche und rief: „Alles Gute, Dorothy, Liebling!“ Dann nahm er eine Packung Reis und zielte damit auf die Braut.

Lynn konnte ihm gerade noch das Paket aus der Hand reißen, bevor es auf eine Flugbahn in Richtung der entsetzt dreinschauenden Dorothy ging. „ALF, der Reis bringt nur Glück, wenn man ihn aus dem Paket rausnimmt, bevor man ihn den Brautleuten übers Haar streut“, tadelte Lynn.

Da verstehe einer diese Welt. „Jetzt sag nur noch, man muß der Katze erst das Fell abziehen, bevor man sie an das Hochzeitsauto bindet!“ beschwerte sich ALF.

Kate schüttelte nur noch den Kopf und bat Lynn: „Bitte, geh und schneid Lucky los!“

Das Kostümfest

Schon seit Tagen war das Halloween-Fest Gesprächsthema Nummer eins. Angefangen hatte es damit, daß ALF vom Wissensdurst geplagt wurde. Reihum hatte er die Tanners gefragt, was es denn um alles in der Welt mit diesem Halloween auf sich habe.

Auch ein Außerirdischer sollte nicht unwissend sterben. Und so hatte Willie gleich ein Lexikon hervorgekramt, um ALF ganz genau über dieses Fest und seine Bräuche aufzuklären.

„Halloween ist ein altes Herbst- und Erntefest, ein Dankfest für den Sonnengott, das mit allerlei Vergnügungen, großer Heiterkeit und üppiger Schmauserei gefeiert wird. An diesem Fest am Tag vor Allerheiligen nehmen Erwachsene und Kinder gleichermaßen teil", wußte Willie dann zu berichten.

Brian fand diese Beschreibung knochentrocken. Schließlich war Halloween ein Superfest. Er geriet ins Schwärmen. „Da dürfen wir uns verkleiden als Hexen oder Prinzessinnen oder Seeräuber oder als Gespenster durch die Gegend spuken. An Halloween ist fast alles erlaubt. Da darfst du kleine Geschwister erschrecken und bei den Leuten Geld und Süßigkeiten sammeln. Du brauchst ihnen nur was vorzusingen. Und überall gibt es Partys. – Es macht immer riesig Spaß!"

Als ALF dann noch erfuhr, wieviel Süßigkeiten Brian im letzten Jahr eingeheimst hatte, stand sein Entschluß fest: Er mußte in diesem Jahr unbedingt mit dabeisein. Koste es, was es wolle. Den Tanners würde er allerdings noch nichts verraten. Die waren nämlich der altmodischen Auffassung, ein Melmac hätte beim Halloween-Singen nichts verloren ...

Am Vorabend des großen Tages probierte Brian das Kostüm an, das Kate für ihn geschneidert hatte. Zum

Schluß setzte sie ihrem Sohn noch eine schwarze Augenklappe auf, dann schaute sie sich beifallheischend um.

„Und jetzt frage ich euch, ist das ein Pirat oder ist das kein Pirat? Lynnie, was sagst du dazu?"

„Klar, Mami, das ist ein schöner Pirat."

Auch Willie stimmte sofort zu. Sein Sohn gefiel ihm in diesem Kostüm. Und außerdem: „Das erinnert mich an ein Kostüm, das ich anhatte, als ich noch jung war. Damals ..."

Gerade als Willie wieder eine seiner allseits gefürchteten Jugenderinnerungen zum besten geben wollte, kam eine merkwürdige Erscheinung ins Wohnzimmer getapst: mit einer riesigen Brille, einem schwarzen Schnurrbart und einer Pappnase.

Das seltsame Wesen baute sich stolz und erwartungsvoll vor Willie auf.

„Was soll das denn sein, Elton John oder Asterix? Woher hast du denn diese alberne Brille, ALF?" Willie hatte ihn natürlich auf Anhieb erkannt und war sauer, daß er ihn in seinen Erzählungen unterbrochen hatte.

Aber so leicht konnte er ALF die Laune nicht vermiesen. Denn der freute sich schon unbändig auf den nächsten Tag. „Und wenn ich von meiner Tour wiederkomme, habe ich einen Sack voll mit kandierten Äpfeln, Popcorn und Katzen!" strahlte er voller Vorfreude und leckte sich genüßlich seine gewaltigen Lippen.

Lynn lachte. „Es ist nicht üblich, daß man an Halloween auch Katzen verschenkt."

„Das habe ich befürchtet! Dann muß ich mir diese netten Tierchen halt mal wieder selber fangen!" Trotzdem konnte ALF die Schnorrtour durch die Nachbarschaft kaum erwarten.

Vor Aufregung und Vorfreude schlief ALF in dieser Nacht nur wenig. Unruhig drehte er sich in seinem Wäschekorb von einer Seite auf die andere. „Morgen, Kinder, wird's was geben ...", summte er vor sich hin. Nur eine

Sorge hatte er: Hoffentlich machten ihm die Tanners keinen Strich durch die Rechnung!

Noch ein anderer wälzte sich in dieser Nacht unruhig in den Kissen: Willie. Aber nicht Halloween, sondern sein Job bereitete ihm Kopfzerbrechen. Er seufzte tief. Da wurde auch Kate wach und knipste das Licht an. Schlaftrunken schaute sie Willie an, der kerzengerade im Bett saß.

„Was ist denn mit dir los?“ fragte sie besorgt. „Warum schläfst du nicht?“

Willie beschloß, ihr von seinen Problemen zu erzählen. Vielleicht konnte er danach ja doch schlafen. „Es ist wegen meiner Beförderung. Ich glaube, die habe ich vermasselt.“ Und dann berichtete er Kate, was sein Chef am Morgen angeordnet hatte: Willie sollte das Projekt, an dem er seit drei Monaten erfolgversprechend arbeitete, abgeben.

„Das darf doch wohl nicht wahr sein!“ stöhnte Kate auf.

„Doch, das ist wahr. Mr. Burke braucht mich, so sagt er, für eine wichtige interne Untersuchung. Jetzt kann ich mich durch Berge von Akten durchfressen, um nach einem verschwundenen Wasserkühler zu suchen. Der will mich sicher abschieben!“ Willie fuhr sich verstört durch die Haare.

Kate war empört. „Hast du diesem Menschen, diesem Mr. Burke, wenigstens ordentlich die Meinung gesagt?“

„Natürlich, aber ich glaube, das war das Ende meiner Karriere! Die ist damit im Eimer!“

Kate nahm ihren Mann zärtlich in den Arm: „Ich liebe dich, und ich bin stolz auf dich, auch ohne Karriere.“

In dem Moment platzte ALF dazwischen. Er streckte seinen Kopf durch die Schlafzimmertür, sah, daß Willie und Kate wach waren, und nahm das als Aufforderung einzutreten.

„Raus mit dir!“ Willie zeigte ihm mit dem Finger verärgert den Weg zurück zur Tür.

„Aber ich muß etwas Wichtiges mit euch besprechen. Morgen ist doch Halloween. Und da gibt es noch ein paar Sachen ...“

Kate sah ALF genervt an und erklärte ihm zum wer-weiß-wievielten Mal, daß ein Außerirdischer nicht rumlaufen und Süßigkeiten sammeln könne.

ALF maulte: „Du hast doch bloß Angst, daß ich Karies kriege. Dabei putze ich mir die Zähne jeden Monat. Egal, ob es nötig ist oder nicht." Und ebenfalls zum wer-weiß-wievielten Mal versuchte ALF sie umzustimmen. Als alles nichts nützte, zog er einen Zettel hervor und erklärte: „Das ist eine Petition, unterschrieben von Amerikas prominentesten Bürgern!"

Kate las halblaut vor: „Freiheit zu Allerheiligen! Wir verlangen, daß ALF zum Halloween-Singen mitgehen darf!" Dann folgten die Unterschriften von Präsident Reagan, Carter, Ford, Lincoln und Merkur – in ALFs Handschrift. Kate lachte über diesen Gag, aber änderte ihre Meinung um keinen Deut.

„Warum darf sich ein kleiner unglücklicher Außerirdischer an Halloween nicht auch ein bißchen austoben?" ALF versuchte eine neue Tour. „Nur einen Abend, ausnahmsweise!" bettelte er flehend.

Nach Kates barschem „Nein!" beschloß er, Druck zu machen.

„Gut, wenn ihr nicht anders wollt – dann bringe ich den Fall vor den Obersten Gerichtshof und den allerobersten Richter!"

Aber auch diese Drohung schien die beiden da im Bett nicht zu beeindrucken. Willie zeigte nur von neuem auf die Schlafzimmertür.

Ein letzter Versuch. „Moment, Moment, ich geh' ja gleich. Wir machen ein Geschäft. Ihr laßt mich raus zu Halloween, und ich sage dir, Willie, wie du trotz allem deine Beförderung durchkriegst."

Willie schnappte nach Luft. „Woher, um alles in der Welt, weißt du von dieser Sache?"

„Der erstaunliche ALF weiß einfach alles. Aber der erstaunliche ALF gibt seine Geheimnisse niemals preis.

Wie auch immer. Ich habe eine Idee. Wir müssen jetzt mit allen Mitteln schmutzige Wäsche von deinem Boß vorkramen. Überleg mal scharf. Bestiehlt er vielleicht die Firma? Nimmt er sich womöglich unverschämt große Portionen am Salatbüfett? Trinkt er heimlich, oder kaut er mit offenem Mund?"

„Ich kenne nur einen, der mit offenem Mund kaut: dich", knurrte Willie ihn an.

„Was soll das, Willie? Such keine Schmutzwäsche bei mir. Das hilft dir bei deiner Beförderung nämlich überhaupt nichts."

Kate reichte es. Ohne einen weiteren Kommentar knipste sie die Nachttischlampe aus und legte sich zurück. Da hatte sie die Rechnung aber ohne ALF gemacht. Der knipste die Lampe auf Willies Seite wieder an und redete weiter.

„Also gut, vergeßt das mit der Schmutzwäsche. Machen wir es anders herum. Du mußt seine Zuneigung zurückgewinnen, Willie. Dein Boß muß dich wieder mögen. Ladet ihn zu einer Party ein, und schmeißt euch mächtig ran!"

„Das ist eine völlig absurde Idee", schnauzte Willie ALF an. „Ich werde keine Ranschmeißparty geben. Schon gar nicht für diesen widerlichen Mr. Burke. Was glaubst du denn, wer ich bin? Donald Duck, oder wer? Ich bin doch keine Witzfigur."

Da war Kate plötzlich hellwach und richtete sich auf. „Willie, eine Party wär' doch wirklich mal was Nettes. Wann hatten wir eigentlich das letztemal Gäste bei uns? Unser gesellschaftliches Leben ist auf den Hund gekommen, seit ‚Du-weißt-schon-wer' hier ist." Dabei schaute sie ALF eindringlich an.

„Wer? Ich weiß nicht, wer", fragte dieser ahnungslos. War da nicht die Rede von einem Hund? Das konnte ja wohl nichts mit ihm zu tun haben.

Kate wurde direkt: „Du! Seitdem du hier bist!"

„Willst du damit sagen, daß ich dieser ‚Du-weißt-schon-wer' bin, über den ihr euch dauernd beklagt? Wie hundsgemein und unfair von euch! Pfui!" ALF war sichtlich empört.

Kate hatte keine Lust, darauf noch weiter einzugehen. Sie kannte ALF. Der fand bei diesem Thema kein Ende.

„Willie, sag doch", wandte sie sich wieder ihrem Mann zu, „was meinst du zu der Party? An Halloween wär' doch wirklich eine gute Gelegenheit."

Willie zögerte. „Im Prinzip hab' ich ja nichts dagegen, ein paar Leute einzuladen. Nur meinen Boß will ich bei so einem Fest auf keinen Fall sehen. Mit dem werd' ich auch anders fertig." Willie schien in diesem Moment fast davon überzeugt.

Kopfschüttelnd schaute ALF Willie an. „Was für ein kluges Köpfchen du doch bist! Du gibst eine Party und lädst deinen Chef nicht ein. Das tut deiner Karriere bestimmt äußerst gut. Warum gehst du nicht gleich zu ihm und wirfst ihm einen Ordner an den Kopf?" Er beschloß zu gehen. Hier verschwendete er ja nur seine Zeit. Sein Rat war bei diesen Menschen wohl nicht gefragt.

Wenn Kate sich etwas in den Kopf gesetzt hatte, zog sie es auch durch.

Am nächsten Morgen rief sie ein paar Leute an und lud sie für den Abend zu einer Halloween-Überraschungsparty ein. Dann wirbelte sie den ganzen Tag in der Wohnung rum mit Luftschlangen, Konfetti und Luftballons und wäre am liebsten für nichts und niemand zu sprechen gewesen. Aber immer wieder klingelten kleine und große Monster, liebliche Prinzessinnen und bärbeißige Piraten an der Tür. „Frohes Halloween!" Und jedesmal lief Kate los, um Mohrenköpfe, Gummibärchen und Kaugummi zu verteilen. Sie hatte sich damit bestens eingedeckt.

Immerhin war wenigstens Ruhe vor ALF – obwohl sie ihn nicht auf die Straße gelassen hatten. Willie hatte ihn in die Garage verbannt: So wollte er ein allzu großes Chaos im Wohnzimmer vermeiden. Außerdem sollten die Gäste

ALF nicht zu sehen bekommen. Man konnte ja nie wissen, was der sich wieder einfallen ließ.

Seltsamerweise hatte ALF sich kaum gegen diesen Entschluß gewehrt.

Kate rannte zwischen Haustür und Küche geschäftig auf und ab. Sie war ein wenig nervös. „Glaubst du, daß die Bowle für zwölf Personen reicht?“ fragte sie Willie und zeigte auf eine große Schale.

„Sollen die Gäste sie trinken, oder sollen sie darin baden?“ lachte Willie.

Da läutete es schon wieder an der Tür. Diesmal waren's nur Brian und Lynn, die von ihrem Halloween-Ausflug zurückkamen. Sie zankten sich.

„Was willst du denn jetzt schon hier?“ maulte Brian. „Wir haben noch massenhaft Zeit, da können wir doch gut weiterziehen!“

„Vielen Dank. Wir sind bei zweiunddreißig Häusern gewesen. Und du hast wirklich genug erbeutet“, erklärte Lynn. „Außerdem muß ich mich jetzt umziehen. Ich hab's eilig, Eidechse kann jeden Moment hiersein.“

„Eidechse? Wieso heißt ein Mensch Eidechse?“ Kate und Willie guckten verständnislos. Lynn aber war längst in ihrem Zimmer verschwunden.

„Warum soll Lynns neuer Schwarm denn nicht Eidechse heißen?“ antwortete statt dessen Brian. Die Erwachsenen waren ja manchmal ganz schön engstirnig. „Ich habe schließlich auch einen Freund, den alle Frosch nennen.“

Dann wollte Brian wissen, wo ALF steckte. „Ich muß ihm seinen Anteil Süßigkeiten bringen. Er kriegt siebzig Prozent!“

„Das dürfte entschieden zuviel sein!“ wandte Willie ein.

„Im Gegenteil“, korrigierte ihn sein Sohn. „Ich bin aus der Verhandlung noch günstig herausgekommen. Ursprünglich hat ALF nämlich neunzig Prozent gefordert.“

Vater Tanner verstand die Welt nicht mehr. „Unsere Tochter geht mit einer Eidechse, und unser Sohn läßt sich von einem Außerirdischen übers Ohr hauen. Schöne Zustände sind das hier."

ALF wartete in der Garage schon gespannt auf Brian und seine Piratenbeute. Stolz zeigte Brian seinen Korb voller Süßigkeiten.

„Weißt du was", schlug ALF schlitzohrig vor, „ich werde auf den Korb aufpassen, dann kannst du schon ins Haus zurückgehen. Die Party fängt doch gleich an."

„Ich kann Partys nicht ausstehen. Da tätscheln einem immer alle den Kopf und sagen: ‚Wie groß du geworden bist'", äffte Brian nach. „Laß uns lieber die Beute teilen!"

Da war ALF auch sofort dabei. „Eins für dich, eins für mich, eins für dich, eins für mich, eins für mich, eins für mich!" Der Berg auf ALFs Seite wuchs beängstigend schnell.

Jetzt mußte Brian eingreifen. Er hielt sein Gummischwert zwischen ALF und die Süßigkeiten und warnte: „So nicht, fremder Freund!"

Belustigt schaute sich ALF den kleinen Tanner an. „Junge, Junge. Man merkt wirklich, daß du groß wirst. Also machen wir es richtig: eins für dich, eins für mich, eins für mich ..."

Eidechse war der erste Gast an dem Abend. Stolz stellte ihn Lynn ihren Eltern vor.

„Normalerweise", erklärte Eidechse Willie und Kate, „heiße ich Erich. Ich habe meinen Spitznamen aus dem Biologieunterricht."

„Ja, weil er einer Eidechse einen Gehirntumor entfernt hat. Danach war sie wieder wie neu!" Lynn wollte ihren neuen Freund im besten Licht erscheinen lassen.

Eidechse wehrte bescheiden ab: „Ganz so leider nun doch nicht. Sie züngelt jetzt nur noch linksseitig."

„Und dann", Lynn wußte noch mehr Bewundernswertes zu berichten, „hat Eidechse einen Leguan mit einer Bypass-Operation vor dem Tod gerettet."

„Na, Sie müssen ja ein Genie in Biologie sein! Wollen Sie vielleicht Chirurg werden?“ erkundigte sich Willie mit väterlich-interessiertem Ton.

„Daran habe ich zwar auch schon gedacht, aber mehr noch interessiert mich die Quantenphysik“, gab Eidechse höflich zur Antwort.

Willie war begeistert von diesem wohlerzogenen und intelligenten jungen Mann. Er ähnelte überhaupt nicht Lynns bisherigen Verehrern. Gutgelaunt wollte er Eidechse zeigen, wie sehr er von ihm angetan war. „Junger Mann, Sie dürfen sich nicht nur mit meiner Tochter treffen. Sie dürfen auch um ihre Hand anhalten. Ich würde sie Ihnen glatt geben.“

Lynn wurde puterrot. Sie wäre am liebsten auf der Stelle im Erdboden versunken. Glücklicherweise läutete es in diesem Moment. Die nächsten Gäste kamen. Das peinliche Gespräch war beendet.

Vor der Tür standen ein Cowboy und ein Cowgirl: Willies Arbeitskollegen Ed Billing und seine Frau Bernice. Verwundert sahen sich Kate und Willie an, während Ed und Bernice ohne Zögern zum kalten Büfett stürmten. Diese beiden waren doch gar nicht auf der Gästeliste. Willie zuckte ratlos mit den Schultern.

Erneut klingelte es. Brian öffnete einem König und einer Königin. „Wer sind Sie denn?“ platzte er heraus.

„Wir sind die Burkes!“

Willie ließ vor Schreck beinahe das Glas Bowle fallen, das er Eidechse soeben einschenkte. Strahlend standen Walter und Felicia Burke im königlichen Gewande vor ihm.

„Willkommen“, stotterte der Gastgeber, und zu Kate gewandt: „Das ist mein Chef!“

Und dann machte sich Felicia über Brian her. „Der Kleine wächst ja so schnell“, säuselte sie süßlich und tätschelte seinen Kopf. „Ja, ja, an den Kindern sieht man, daß man älter wird!“

Brian verzog sich. Das reichte. Lieber ging er freiwillig

ins Bett, als sich so ein Geschwätz anzuhören und sich angrapschen zu lassen.

Die Burkes gesellten sich zu den Billings ans kalte Büffet. Willie nahm Kate zur Seite.

„Hast du diese Leute eingeladen?“ fragte er entsetzt. Kate schüttelte verwirrt den Kopf. Da schwante Willie Übles. „Irgend jemand muß die Burkes und die anderen ja wohl eingeladen haben. Also, ich weiß nicht, wer das war und warum er es getan hat, aber ich geh’ jetzt in die Garage und bringe ihn um.“

Willie brauchte sich gar nicht zu bemühen, denn in diesem Moment läutete es wieder, und ALF stand vor der Tür. In seinem Fell hatte er den Reißverschluß aus Willies neuem Regenmantel befestigt, so daß es aussah, als würde er ein Kostüm tragen.

„Hallo, Kate, hallo, Willie. Erinnert ihr euch nicht mehr an den alten Gordon Shumway? Wir haben uns ja auch lange nicht gesehen. Ich parke direkt hinter dem Wagen von deinem Boß, Willie. Das gibt doch keinen Ärger, oder?“

Ohne Kate und Willies Reaktion abzuwarten, spazierte ALF ins Wohnzimmer. Glänzend gelaunt spielte er den Partylöwen. „Hallo, miteinander! Wie geht’s denn so? Nett, Sie kennenzulernen. Wünsche allgemein ein fröhliches Halloween!“

Im allgemeinen Hallo fiel niemandem auf, daß Lynn und Kate vor Schreck ganz blaß geworden waren.

ALF spulte seine Rolle mit atemberaubender Geschwindigkeit weiter ab.

„Hey, Tanner“, pflaumte er Willie an, „sieht so aus, als hättest du ein paar Pfund zugelegt. Da mußt du aufpassen in deinem Alter.“

„Könnte ich dich mal einen Augenblick in der Küche sprechen?“ zischte Willie ALF zu.

„Klar, wenn’s um ein Gespräch unter Männern geht, bin ich dabei!“

„Wer ist dieser kleine Kerl?“ erkundigte sich Bernice Billing amüsiert bei Lynn.

„Oh, das ist Gordon Shumway.“ Kate mußte sich wohl oder übel auf das Spiel einlassen. „Gordon ist ein alter Freund unserer Familie. Aber bitte sagen Sie nichts über seine Größe. Da ist er sehr empfindlich.“

ALF war in seinem Umgangston allerdings weniger rücksichtsvoll. „Hey, Cowgirl“, rief er Bernice auf dem Weg zur Küche zu, „stramme Keulen! Alle Achtung! Stramme Keulen!“

In der Küche überfiel Willie ALF mit einem Wortschwall. „Du Mistvieh, du! Du hast dir unser Telefonbuch unter den Nagel gerissen und die ganzen Leute angerufen. Du hast ihnen gesagt, daß sie sich kostümieren müssen. Denn sonst hättest du ja nicht zu unserem Fest kommen können!“

ALF war entrüstet. „Schleppst du mich hier in die Küche, um mir Dinge zu erzählen, die ich längst weiß? Dabei werde ich draußen dringend gebraucht.“

Aber Willie war noch längst nicht mit ihm fertig. „Der Gipfel der Frechheit war doch wohl die Einladung an die Burkes.“

Das sah ALF aber ganz anders. „Setz doch mal deine trägen grauen Zellen in Bewegung, damit du endlich kapierst: Hier geht's um deine Beförderung! Und du gehst jetzt sofort rüber und küßt Walter Burke die Füße.“

Willie wich entrüstet zurück. „Ich denke nicht daran, irgend jemandem die Füße zu küssen, und schon gar nicht Walter Burke.“

„Damit habe ich gerechnet. Also werde ich das Ganze in die Hand nehmen.“ ALF, der große Wohltäter, wandte sich wieder dem Partyraum zu.

Der Abend wurde eine Wucht. ALF zog eine Show nach der andern ab, und die Gäste amüsierten sich köstlich. Doch die Tanners gerieten immer mehr in Panik: Das Büfett leerte sich zusehends. Schließlich hatte man ja auch mit weniger Gästen gerechnet. Mutter und Tochter versuchten die leeren Platten mit den letzten Küchenvorräten aufzufüllen.

ALF führte inzwischen seine Elvis-Nummer vor. „On a cold and grey Chicago morn, another little baby child ist born ... in the ghetto! And his mama cries ..."

Die Gäste waren begeistert. Bernice Billing standen vor Rührung die Tränen in den Augen.

ALF, die perfekte Elvis-Kopie, verbeugte sich und rief überschwenglich: „Oh, danke, ich danke euch sehr, meine Freunde. Meinen letzten Song heute abend singe ich für die Frau, die ich am meisten verehre, für Bernice."

Bernice strahlte. Sie wünschte sich „Love me tender". Wieder klatschten alle ungestüm, als das Lied zu Ende war. Doch auch Gordon Shumway wußte, daß man aufhören soll, wenn es am schönsten ist.

Außerdem gab es da noch einen, dem er heute abend genauer auf den Zahn fühlen mußte. Schließlich verdiente nicht jeder seine verehrte Lynn.

„Hey, Eidechse, wie hat's dir gefallen?"

„In Ihnen lebt der King weiter", lobte Eidechse den Künstler höflich.

Der erste Eindruck auf ALF war schon mal nicht schlecht. Also weiter.

„Angenommen, es gäbe eine außerirdische Lebensform. Wie würde die wohl aussehen?" Als Eidechse nicht sofort antwortete, schnauzte ihn ALF an: „He, du Eierkopf, ich suche nach neuen Erkenntnissen, und dich interessieren nur unser Whisky und unsere Lynn! Also was ist? Wie wäre das wohl mit einer außerirdischen Lebensform?"

Eidechse gab sich einen Ruck. Mit einem Blick auf ALF meinte er gelangweilt: „Wahrscheinlich hätten diese Außerirdischen hochentwickelte Gehirne und wären sehr fortschrittlich."

Die Antwort stellte ALF zufrieden. Dieser Kerl war gar nicht so übel. Um Lynns Glück brauchte man sich wohl keine Gedanken zu machen.

Damit hatte ALF seinen Test beendet. Er konnte sich wieder den anderen Gästen zuwenden.

Wenig später hörte man die Gäste erneut jubeln und klatschen: „Gordon! Gordon! Gordon! Gordon!" ALF hatte gerade auf seinem Kopf ein Glas unter einer Bambusstange hindurchbalanciert! Göttlich! Und dazu seine Sprüche von diesem komischen Planeten!

„Wißt ihr, ich genieße das hier richtig. Denn bei uns zu Hause kann man so etwas nicht machen. Da gibt es keine Schwerkraft. Ha! Ha! Also weiter! Wer ist der nächste? Ich schlage vor, Walter Burke!" ALF schaute Burke herausfordernd an.

Die anderen Gäste riefen im Chor: „Walter! Walter!"

Walter Burke warf seiner Frau einen verunsicherten Blick zu. Dann griff er sich an seinen Rücken und entschuldigte sich halbherzig: „Es tut mir furchtbar leid, aber solche Balancestückchen kann ich nicht machen. Ich habe es nämlich im Kreuz."

Für die anderen war das kein Argument. Selbst Felicia Burke ermunterte ihren Mann: „Nun hab dich nicht so. Schließlich ist Halloween!"

Umständlich setzte Walter Burke seine Königskrone ab und plazierte ein Glas auf seinem Kopf. Vorsichtig lehnte er sich nach hinten und stieß dann einen markerschütternden Schrei aus. Walter Burke hatte einen Hexenschuß!

Willie und Kate stürzten aus der Küche.

„Ich brauche eine harte, niedrige Unterlage", stöhnte Walter Burke. „Am besten den Couchtisch." Zusammen mit Ed schleppte Willie seinen Vorgesetzten dorthin.

Die gute Stimmung war im Nu verflogen. Unentschlossen standen die anderen Gäste herum, dann verabschiedeten sie sich nach und nach. Schließlich waren sie gekommen, um sich zu amüsieren. Aber der Spaß war jetzt ja wohl vorbei. Das Fest hatte ein plötzliches Ende gefunden.

„Eidechse, kannst du nicht irgend etwas für den armen Mister Burke tun?" fragte Lynn ihren Freund.

„Ich könnte ihm höchstens das Gehirn entfernen. Aber ob das der Sache dient?"

Felicia Burke wollte lieber ihren Hausarzt anrufen. Bis zu seiner Ankunft war ALF mal wieder der Retter in der Not. Sanft massierte er Walter den Rücken.

Nach einer Weile ließen die Schmerzen spürbar nach. „Ich weiß nicht, wie ich Ihnen danken soll, Gordon", lächelte Walter Burke.

ALF brauchte darüber nicht lange nachzudenken. „Ganz einfach. Befördern Sie Willie. Wir wissen doch beide, daß er der Beste für den Job ist. Er ist intelligent, er arbeitet hart, er ist ehrlich ..."

Willie traute seinen Ohren nicht. Vor Schreck ließ er den Eisbeutel fallen, den er gerade aus der Küche brachte. „Jetzt reicht's aber! Und das wird wohl auch Mr. Burkes Meinung sein!" fuhr er den außerirdischen Retter in der Not an.

„Okay! Okay!" ALF nahm's gelassen. „Dann bist du an der Reihe. Los, Willie, schmeiß dich ran!"

Jetzt war Willie wütend. „Wozu soll ich mich denn ranschmeißen?" maulte er. „Man hat mir mein Projekt weggenommen, damit ich einen blöden Wasserkühltank suche und ..."

„Du weißt wohl nicht, was man unter ‚ranschmeißen' versteht", fiel ALF Willie ungeduldig ins Wort. „Das heißt: Man kriecht auf allen vieren!"

Aber das war nun doch nicht nötig. Walter Burke hatte auch so verstanden. „Wenn Ihnen soviel an diesem Projekt liegt, dann sollen Sie es auch wiederbekommen."

„Wirklich?" Willie strahlte.

Aber ALF war längst nicht zufrieden. „Und dann ist da ja noch die Sache mit Willies Beförderung", sagte er laut und deutlich. Er wußte die Gunst der Stunde zu nutzen: Ganz plötzlich brach er die Rückenmassage ab. Burke stöhnte auf. „Natürlich kriegen Sie Ihre Beförderung, Tanner. Das war doch immer so vorgesehen!" Dann schob

Burke den Eisbeutel von sich weg und bat den überglücklichen Willie: „Ich hätte gern noch etwas Eis. Aber in einem Glas. Mit etwas Whisky, bitte!“

Das war ALFs Chance! Aus dieser Situation ließ sich doch noch mehr herausholen! Während Willie in der Küche war, erklärte er Walter ohne Umschweife, Willies Parkplatz sei zu weit vom Büro entfernt und der Kerl bei ihm im Zimmer unerträglich.

„Schmeißen Sie ihn raus. Dann kann Willie seinen Parkplatz bekommen. Und dann diese Überstunden! Willie schuftet viel zuviel. Sie müssen ihn entlasten!“

Als kurz darauf Burkes Hausarzt bei Tanners eingetraf, hatte ALF alle Zusagen. Trotzdem war Walter ihm immer noch zutiefst dankbar.

„Ich werde es Ihnen nie vergessen. Was hätte ich nur ohne Sie gemacht?“ verabschiedete er sich schließlich. Und augenzwinkernd sagte er zu Willie: „Kommen Sie doch am Montag gleich in mein Büro. Dann werden wir alles regeln!“

Willie konnte es noch gar nicht fassen.

Doch ALF drängte schon wieder: „Hey, du schuldest mir was als Dank für meine Fürsprache. Ich denke da ans Halloween-Singen!?“

Wenig später sah man zwei Gestalten durch die Dunkelheit schleichen.

„ALF, du mußt sprechen wie ein Kind!“ ermahnte ihn Willie. Dann versteckte er sich hinter einer Hecke, während ALF auch schon an der ersten Tür klingelte.

Eine ältere Frau öffnete. Sie war sichtlich überrascht über den späten Gast. „Hallo, junger Mann!“ begrüßte sie ihn.

„Hallo, alte Tante“, piepste ALF und grölte sein Liedchen in den höchsten Tönen.

Die Frau schaute ihn betrübt an. „Du kommst leider zu spät. Die letzten Süßigkeiten habe ich schon vor mehr als einer Stunde verteilt.“

Im Haus war ein Miauen zu hören. „War das eine Katze?“ fragte ALF ganz aufgeregt.

„Ja, ich habe viele Katzen“, sagte die Frau stolz und machte die Tür etwas weiter auf. Mindestens zehn dieser appetitlichen Tierchen spielten da im Gang. ALF lief das Wasser im Mund zusammen. Er leckte sich die Lippen und entschied: „Gut, dann nehme ich die Blonde!“

„Wie? Was?“ stotterte die Frau und knallte dann entsetzt die Tür vor ALFs Nase zu.

„Und da sagen die Leute, Halloween sei schön!“ beklagte sich der Außerirdische bitter enttäuscht.

Langsam trottete er mit Willie nach Hause zurück.

Von Rainer Büttner ist im Loewes Verlag erschienen:

ALF – Hallo, da bin ich

Sein Heimatplanet ist explodiert. Sein Raumschiff ist abgestürzt. Er sitzt in der Klemme, aber ALF läßt sich nicht unterkriegen.
Der Anfang einer rührend und umwerfend komischen Geschichte des kleinen rothaarigen Monsters aus dem All.

ALF – Ich will alles

ALF fühlt sich wohl bei der Familie Tanner und lebt nach seinem Wahlspruch: „Null Problemo! Wo ich bin, ist das Chaos!“ Willie ist ein Nervenbündel und Kate oft am Rande der Verzweiflung. Dann aber kommt der Weihnachtsmann und macht aus ALF – fast – einen Engel.

ALF – Lieber ich als keiner

„Lieber ich als keiner!“ behauptet ALF und meint dies durchaus ernst. Denn Bescheidenheit ist überhaupt nicht seine Zier. Auch in diesem Band mischt der liebenswerte und unverschämte Knuddelchaot die Tannersche Familienidylle wieder kräftig auf.

ALF – Total gut drauf

ALF bestätigt sich als großer Menschenfreund. Ob er im Liebeskummer beisteht oder das Geheimnis um Willies ewig kaputtes Auto aufklärt – das Chaos ist vorprogrammiert. Doch damit nicht genug: Bei den Tanners kündigt sich Nachwuchs an – und damit ein neues Problem.

ALF – Alles paradieso

ALF macht eine schreckliche Entdeckung: Er ist gegen Babys allergisch. Doch damit nicht genug, er wird auch noch vom Unglück verfolgt. Ein Fluch, der nur durch ein ziemlich umständliches Zeremoniell von ihm genommen werden kann, wie er behauptet. Die geplagten Tanners müssen sich wohl oder übel dreinfügen – aber sie sind ja von ihrem außerirdischen Liebling inzwischen einiges gewöhnt.

ALF – Volle Fahrt voraus

Wenn ALF einmal nicht im Mittelpunkt des Familienlebens steht, kann das schlimme Folgen haben. Und obwohl die Tanners von ihrem außerirdischen Freund schon einiges gewöhnt sind, schafft er es immer wieder, sie mit unmöglichen Einfällen an den Rand der Verzweiflung zu bringen. Neue umwerfend witzige Geschichten mit dem rostroten Zottelmonster vom Planeten Melmac.